DIE MEISTBEGÜNSTIGUNG IM MODERNEN VÖLKERRECHT

VON

DR. KLAUS BONHOEFFER
BERLIN

1930
VERLAG VON JULIUS SPRINGER · BERLIN

ISBN-13:978-3-642-93925-9
e-ISBN-13:978-3-642-94325-6
DOI: 10.1007/978-3-642-94325-6

Reprint of the original edition 1930

DRUCK VON OSCAR BRANDSTETTER IN LEIPZIG

Vorwort.

Die vorliegende Schrift behandelt den rechtssystematischen Aufbau des Meistbegünstigungsproblems. Die Untersuchung geht von der Vereinbarung der Meistbegünstigung aus und verzichtet somit auf eine wirtschaftspolitische Rechtfertigung der Klausel. Neben der rechtlichen Erkenntnis will sie jedoch auch einem im weiteren Sinne politischen Zwecke dienen. Die Meistbegünstigung wird nämlich nur dann die Grundlage für das internationale Handelsvertragssystem bilden können, wenn eine objektive Auslegung der Klausel gewährleistet und sie somit den subjektiven Interessen der nationalen Handelspolitik entrückt ist.

Es liegt auf der Hand, daß der konkrete Inhalt des Meistbegünstigungsanspruchs, der sich nach der jeweiligen Behandlung des dritten, meistbegünstigten Staates bemißt, hier nicht dargestellt werden soll. Da er variabel ist, läßt er sich nur für jeden Handelsvertrag in einem gegebenen Zeitpunkt bestimmen.

Ebenso scheiden die Fragen, welche in die allgemeinen Lehren vom Handelsvertrag gehören, wie z. B. die Nationalität der Ware, die zollpolitischen Maßnahmen gegen das Dumping usw., aus dem Rahmen dieser Arbeit aus.

Der Notgemeinschaft der Deutschen Wissenschaft, die mir für diese Arbeit, insbesondere für meine Studien in der Bibliothek des Völkerbundes in Genf, ein Forschungsstipendium gewährt hat, sage ich auch an dieser Stelle meinen Dank.

Amsterdam, April 1930.

KLAUS BONHOEFFER.

Inhaltsverzeichnis.

I. Einleitung.

§ 1.

Auf Anregung des Völkerbundsrates traten im Mai des Jahres 1927 die Vertreter von 50 Staaten[1] zu der Weltwirtschaftskonferenz in Genf zusammen, um sich über die weltwirtschaftliche Lage im allgemeinen, sowie insbesondere über die Frage, auf welche Weise durch Maßnahmen wirtschaftlicher Art der Weltfrieden beeinflußt werden könne, auszusprechen. Die Konferenz hat das Ergebnis ihrer Verhandlungen neben einem Exposé über die Weltwirtschaftslage in einer Reihe von Empfehlungen (voeux) zusammengefaßt. Bezüglich der Meistbegünstigungsklausel, der ein besonderes Interesse zugewandt wurde, formulierte die Konferenz ihre Wünsche wie folgt:

> „1. Que la portée et la forme de la clause soient du caractère le plus large et le plus libéral et que cette clause ne soit ni affaiblie ni restrainte, soit par des dispositions expresses, soit *par voie d'interprétation*,
>
> 2. que soient établis des *principes clairs et uniformes relatifs à l'interprétation* et à la portée de la clause, en ce qui concerne les droits de douanes et autres charges."

Durch diese Beschlüsse wurde die rechtliche Seite des Meistbegünstigungsproblems in den Vordergrund gerückt. Die Rechtsprobleme der Handelsverträge hatten bisher vorwiegend akademisches Interesse. Die Beschäftigung mit ihnen erschien müßig, da sich in der Praxis die autonome Handelspolitik doch weitgehend gegenüber lästigen vertraglichen Bindungen durchzusetzen wußte, wenn Gegenmaßnahmen des betroffenen Staates nicht zu befürchten waren. Gewiß konnten auch in solchen Fällen rechtliche Bedenken nie völlig ignoriert werden; primitiv-formalistische Interpretationsmethoden boten jedoch oft eine willkommene Handhabe zur Umgehung von Vertragsbestimmungen und stimmten den praktischen Handelspolitiker gegenüber dem Handelsvertragsrecht skeptisch[2].

---

[1] Darunter von den Nichtmitgliedern insbesondere die Vereinigten Staaten und die Sowjet-Union.

[2] Sehr bezeichnend die Ausführungen über die Meistbegünstigungsklausel bei Farra: Les effets de la clause de la nation la plus favorisée et la specialisation des tarifs douaniers, Paris 1910, S. 104: „C'est une de ces machines de guerre conçues à la manière de la scholastique allemande, une arme à deux tranchants, qu'on peut

Wenn man sich nunmehr im Kodifikationskomitee und vor allem im Wirtschaftskomitee des Völkerbundes[1] auch mit den rechtlichen Fragen der Handelsverträge energisch befaßt hat, sollte nicht nur theoretische Arbeit geleistet werden, sondern man erkannte das dringende Bedürfnis des internationalen Handelsverkehrs nach Rechtssicherheit und wollte hierfür gemeinsam eine Grundlage schaffen. Das Wirtschaftskomitee des Völkerbundes hat, den Empfehlungen der Weltwirtschaftskonferenz folgend, dem Meistbegünstigungsproblem ein besonderes Studium gewidmet. Es hat dem Völkerbundsrat am 23. Jan. 1929 einen Bericht unterbreitet, in welchem es zu wichtigen Zweifelsfragen in einer theoretischen Untersuchung Stellung nimmt und alsdann als deren Ergebnis eine Musterklausel für das Zollwesen (matière douanière) entwirft, die beim Abschluß zweiseitiger Handelsverträge als Vorbild dienen soll[2].

Wenngleich die Rechtsausführungen in den Berichten der beiden Völkerbundskomitees natürlich sehr beachtlich sind, so haben sie doch keineswegs den bindenden Charakter einer authentischen Interpretation. Wie die einzelnen Rechtsfragen entschieden wurden, scheint mir daher weniger wichtig zu sein, als daß sowohl auf der Weltwirtschaftskonferenz wie in den Völkerbundskomitees uneingeschränkt anerkannt wurde, daß die Meistbegünstigungsklausel ihre wirtschaftlichen Funktionen nur er-

---

aisément retourner d'un côté ou de l'autre suivant les besoins. — En effet, la clause de la nation la plus favorisée se prête, suivant les cas, à toutes les interprétations. Chacun dans la mesure de son intérêt peut y comprendre tel ou tel avantage sans que nul y puisse contredire, à moins toutefois d'un intérêt contraire."

[1] Vgl. Comité Économique, Rapport au Conseil sur les traveaux de la 25. Session vom 14. Juli 1928 C. 357. M. 111. 1928. II. — Vgl. ferner Rapport au Conseil sur les Travaux de la 27. Session vom 23. Jan. 1929. C. 20. M. 14. 1929. II. — Ferner Comité d'Experts pour la codification progressive de Droit international, La clause de la nation la plus favorisée. C. 205. M. 79. 1927. V. — In diesem Zusammenhange sei noch erwähnt: Comité Économique, Projet de Convention relatif au traitement des étrangers. C. 174 M. 53. 1928. II. — Ferner hierzu RABINOWITSCH: Der Völkerbund und die Meistbegünstigungsklausel, Heft 12 des Wirtschaftsdienstes 1928.

[2] Das Kodifikationskomitee hat sich schon im Jahre 1927 mit der Frage befaßt, gelangte jedoch zu einem negativen Ergebnis. Es hat einen Unterausschuß mit der Prüfung der folgenden Frage betraut: „S'il serait possible, et dans quelle mésure, d'arriver à un accord international sur les principales façons de déterminer et d'interpréter les effets de la clause de la nation la plus favorisée dans les traités." Der Berichterstatter M. WICKERSHAM hat daraufhin in einer theoretischen Abhandlung die juristischen Grundprinzipien der Meistbegünstigungsklausel dargelegt. Auf Grund dieses Berichts ist das Kodifikationskomitee aus nicht klar ersichtlichen Gründen zu der Auffassung gelangt, daß eine Regelung der Meistbegünstigungsklausel im Wege einer internationalen Konvention wohl wünschenswert wäre, jedoch auf ernste Widerstände stoßen würde und somit davon abgesehen werden müsse.

füllen kann, wenn für ihre Anwendung Rechtssicherheit gewährleistet ist. Diese Tatsache kann im Hinblick auf die ständige Berührung der nationalen Regierungen mit den Völkerbundsorganen nicht ohne Rückwirkung auf die handelspolitische Praxis der einzelnen Staaten bleiben.

II. Begriff der Meistbegünstigungsklausel.

§ 2. Meistbegünstigungsklausel — Inländerklausel — Gegenseitigkeitsklausel.

1. Die Handelsverträge regeln mehr oder minder erschöpfend die Behandlung

des internationalen Warenverkehrs,
der Ausländer,
der fremden Verkehrsmittel.

Von diesen Materien erfährt im einzelnen Handelsvertrage im allgemeinen nur ein geringer Teil eine detaillierte materielle Regelung. Für die Mehrzahl der Gegenstände wird im Handelsvertrage auf eine Regelung hingewiesen, die für die Waren, Angehörigen oder Verkehrsmittel eines bestimmten Staates gilt. Je nachdem, welchem Staate der berechtigte[1] gleichgestellt werden soll, unterscheidet man die folgenden drei verschiedenen Klauseln:

Die Gegenseitigkeitsklausel: Der berechtigte Staat soll für seine Waren, Angehörigen und Verkehrsmittel die Behandlung genießen, die er selbst dem Vertragsgegner in dieser Hinsicht gewährt[2].

Die Meistbegünstigungsklausel: Der berechtigte Staat soll für seine Waren, Angehörigen und Verkehrsmittel die Behandlung genießen, die der meistbegünstigten Nation in dieser Hinsicht gewährt wird.

Die Inländerklausel: Der berechtigte Staat soll für seine Angehörigen und Verkehrsmittel die Behandlung genießen, die der Vertragsgegner seinen eigenen Staatsangehörigen gewährt.

Allen Klauseln gemeinsam ist der Anspruch auf Gleichbehandlung, während sie sich sämtlich durch die Vergleichspunkte unterscheiden. Trotz dieser formellen Parallelität der drei Klauseln unterscheidet sich die Gegenseitigkeitsklausel auch funktionell von den beiden anderen Klauseln. Ihr eigentliches wirtschaftliches Ziel ist weniger die Gleichstellung des berechtigten mit dem verpflichteten Staate hinsichtlich des geregelten Gegenstandes, als vielmehr die Durchführung des Äquivalenz-

---

[1] Die 3 beteiligten Staaten sollen im folgenden als der „berechtigte", der „verpflichtete" und der „dritte" bzw. der „meistbegünstigte" Staat bezeichnet werden.

[2] Die Gegenseitigkeitsklausel, oder auch Reziprozitätsklausel, ist wohl zu unterscheiden von der bedingten Meistbegünstigungsklausel, die ebenfalls Reziprozitätsklausel genannt wird (vgl. unten §§ 10, 11).

prinzipes zwischen Leistung und Gegenleistung. Vgl. *Handelsvertrag zwischen dem Deutschen Reich und Frankreich vom 17. Aug. 1927*, RGBl. II, S. 523:

Art. 26, Abs. 7: „... In allen Fällen genießen die vorerwähnten Gesellschaften nach ihrer Zulassung die gleichen Rechte, die in dieser Beziehung den Gesellschaften gleicher Art der meistbegünstigten Nation zugestanden sind oder zugestanden werden.

Die Vereinbarung der Meistbegünstigung gestattet jedoch keinem der Hohen Vertragschließenden Teile, für seine Gesellschaften eine günstigere Behandlung zu verlangen als die Behandlung, die er selbst den Gesellschaften des anderen Teiles zugestehen würde[1]."

Einer derartigen Abmachung liegt die Erwägung zugrunde, daß es unbillig wäre, wenn ein Vertragsteil vom Gegner einen Vorteil fordern dürfte, den er selbst dem Gegner versagt. Verlangt er auf Grund der Meistbegünstigungsklausel für seine Gesellschaften eine günstigere Behandlung, so soll er als Gegenleistung den Gesellschaften des Gegners die gleiche Behandlung zuteil werden lassen. Die „Gleichbehandlung" bildet hier jedoch nur den Maßstab für eine adäquate Gegenleistung. Ein besonderes Interesse gerade an der „Gleichbehandlung" besteht für die Vertragsparteien nicht, da keine unmittelbaren wirtschaftlichen Wechselbeziehungen zwischen der Behandlung der französischen Gesellschaften in Deutschland und der Behandlung der deutschen Gesellschaften in Frankreich gegeben sind. Die Behandlung der französischen Gesellschaften in Deutschland ist grundsätzlich auf das Prosperieren der deutschen Gesellschaften in Frankreich ohne Einfluß.

Anders als bei der Gegenseitigkeitsklausel bildet die „Gleichbehandlung" den eigentlichen Kern der Meistbegünstigungsklausel und der Inländerklausel. Hier erhält der berechtigte Staat durch das Gleichbehandlungsversprechen für seine Waren und Angehörigen die Gewähr, beim verpflichteten Staate handelspolitisch keinen ungünstigeren Konkurrenzbedingungen als die Angehörigen und Waren der meistbegünstigten Nation bzw. als die Inländer selbst unterworfen zu werden. Die günstigere Behandlung der Angehörigen des „dritten" Staates bzw. der Inländer wirkt sich somit unmittelbar als eine positive Schädigung des „berechtigten" Staates aus, da er in seiner Konkurrenzfähigkeit beeinträchtigt wird.

2. Die drei Klauseln werden in den Handelsverträgen häufig kombiniert.

Die Kombination der Meistbegünstigungsklausel mit der Inländerklausel findet sich z. B. im *Handelsvertrag zwischen dem Deutschen Reich und Finnland vom 26. Juni 1926*, RGBl. II, S. 557:

[1] Art. 26 enthält eine Kombination der Gegenseitigkeitsklausel mit der Meistbegünstigungsklausel. Vgl. hierzu die Ausführungen auf S. 6 unten.

> Art. 2: „Die Angehörigen jedes der vertragschließenden Teile genießen im Gebiete des anderen Teiles sowohl für ihre Person wie für ihre Güter, Rechte und Interessen in bezug auf Abgaben ... in jeder Beziehung die gleiche Behandlung und den gleichen Schutz bei den Finanzbehörden und Finanzgerichten *wie die Inländer und die Staatsangehörigen der meistbegünstigten Nation.*"

Hier überschneiden sich beide Klauseln. Im allgemeinen zwar wird der Inländer gleich oder besser behandelt werden als die Angehörigen der meistbegünstigten Nation. In diesem Falle deckt sich die Gleichbehandlung mit den Inländern mit der Meistbegünstigung bzw. geht sie über diese hinaus.

Die Bemerkung WICKERSHAMS[1]: „le traitement national qui garantit l'égalité parfaite est beaucoup plus large que le traitement de la nation la plus favorisée", ist jedoch in dieser Allgemeinheit unzutreffend. — Es kommt nämlich vor, daß Staaten, um ausländischen Industrien oder sonstigen ausländischen Unternehmungen einen Anreiz zur Niederlassung zu bieten, steuerliche oder andere Vorteile gewähren, die die Inländer nicht genießen[2].

Da die beiden Klauseln sich nicht notwendig gegenseitig beschränken, ist die kumulative Zusicherung der Meistbegünstigungsklausel neben der Inländerklausel im Zweifel nur dahin auszulegen, daß beide Klauseln in vollem Umfange gelten sollen. Es ist daher anzunehmen, daß sie sich ergänzen sollen, soweit sie sich nicht decken. Die Verknüpfung der beiden Klauseln im Sinne der *gegenseitigen* Beschränkung ist zwar durchaus möglich, sie muß jedoch im Handelsvertrag deutlich zum Ausdruck gebracht werden. — Dieser Auffassung entspricht auch Art. 17 des Proj. de Convention relatif au traitement des étrangers.

> „Les dispositions du titre I ci-dessus, qui prévoient expressément l'octroi du traitement national aux ressortissants des Hautes Parties contractantes, impliquent l'octroi inconditionnel du traitement de la nation la plus favorisée."

Um auch die Vorteile zu erfassen, die zwar nicht den Inländern, aber gewissen Ausländern gewährt werden, wird die Inländerklausel durch die Meistbegünstigungsklausel ergänzt[3].

---

[1] Comité d'Experts pour la Codification progressive du Droit international, Rapport du Sous-Comité C. 205. M. 79. 1927. V.

[2] Vgl. ferner RIEDL: Die Meistbegünstigung in den europäischen Handelsverträgen, 1928. S. 5.

[3] Vgl. den Kommentar des Wirtschaftskomitees zu Art. 17: „La disposition de l'article 17 ajoute à la garantie fondamentale du traitement national celle du traitement de la nation la plus favorisée. Certes, dans la plupart des cas, la première assure un traitement plus avantageux que la seconde, mais il est arrivé que certains Etats, par suite de situations traditionnelles, ou pour favoriser l'établissement dans leurs pays des industries ou entreprises étrangères, leurs aient reconnu notamment en matière fiscale, des avantages refusés, en thèse générale, par les

Die Gegenseitigkeitsklausel in ihrer positiven Form[1] — d. h., wo sie einen selbständigen Rechtsanspruch auf die Behandlung gibt, die der berechtigte Staat seinerseits dem verpflichteten gewährt — hat heute keine praktische Bedeutung mehr[2]. Häufig findet sie sich dagegen in Verbindung mit der Meistbegünstigungsklausel bzw. der Inländerklausel in negativer Form, indem sie diese Klauseln einschränkt. Der berechtigte Staat darf die Meistbegünstigung bzw. die Inländerbehandlung insoweit verlangen, als er selbst zur Gewährung der entsprechenden Vorteile an den verpflichteten Staat bereit ist.

Vgl. z. B. *Handels- und Schiffahrtsvertrag zwischen dem Deutschen Reiche und dem Königreich Italien vom 31. Okt. 1925.* RGBl. II, S. 1020.

> Art. 3. „Die Angehörigen jedes vertragschließenden Teils haben volle Freiheit, bewegliche und unbewegliche Güter im Gebiete des anderen zu besitzen und das Eigentum an solchen durch Kauf, Schenkung, letztwillige Verfügung oder gesetzliche Erbfolge oder auf irgendeine Weise zu erwerben, und zwar in den Grenzen, in denen nach den Gesetzen des Staates, in denen sich die Güter befinden, der Besitz oder der Erwerb des Eigentums *den Angehörigen irgendeines anderen Staates* gestattet ist oder gestattet werden kann. Sie können zu den gleichen Bedingungen, die für diese gelten oder gelten werden, hierüber verfügen. *Keiner der vertragschließenden Teile ist jedoch verpflichtet, hier den Angehörigen des andern Teils weitergehende Befugnisse oder Rechte zuzugestehen, als diejenigen, die seine eigenen Angehörigen tatsächlich im Gebiete des andern vertragschließenden Teiles genießen.*"

In dieser Form begründet die Gegenseitigkeitsklausel keinen selbständigen Rechtsanspruch. Sie enthält nur eine Bedingung, an die der Meistbegünstigungsanspruch geknüpft ist.

§ 3. Ablehnung der Lehre von der positiven und negativen Seite der Meistbegünstigungsklausel.

Auf Grund der Meistbegünstigungsklausel kann der berechtigte Staat verlangen, vom verpflichteten Staate im Rahmen des Anwendungsgebietes der Klausel ebenso behandelt zu werden wie die meistbegünstigte Nation. Der Anspruch auf Gleichbehandlung mit der meist-

lois du pays à ses ressortissants. Pour peu fréquentes que soient ces pratiques, il fallait prévoir et empêcher qu'elles puissent devenir un moyen de discrimination."

[1] Vgl. Martius: Die wirtschaftlichen Bestimmungen der neueren Handelsverträge in „Gesetzgebung und Rechtspraxis des Auslandes", Febr. 1928, S. 18.

[2] Vgl. Riedl: a. a. O. S. 4.

Vgl. ferner Projet de Convention relatif au traitement des Étrangers C. 174. M. 53. 1928 II S. 19. „En fait, la clause de réciprocité n'est pas apparue au Comité économique comme recevable, sinon dans les cas où elle constitue une rectification nécessaire ou une garantie complémentaire de la clause de la nation la plus favorisée ou du traitement national."

begünstigten Nation kann vom verpflichteten Staate in zweifacher Weise erfüllt werden. Entweder gewährt er dem berechtigten Staate die Vorteile, die der meistbegünstigte genießt oder er entzieht diese dem meistbegünstigten Staate[1]. Der verpflichtete Staat kann den Erfüllungsmodus bestimmen. Wollte der berechtigte auch seinen Anspruch auf eine von beiden Möglichkeiten, z. B. auf die Gewährung der Vorteile des meistbegünstigten Staates konzentrieren, so könnte der verpflichtete Staat ihn dennoch dadurch befriedigen, daß er diese Vorteile dem meistbegünstigten Staate entzieht. Selbst wenn ein Staat sich zu einer der beiden Erfüllungsmodalitäten verpflichtete, bliebe ihm noch die Möglichkeit, durch die andere den Meistbegünstigungsanspruch gegenstandslos zu machen und sich so zu befreien.

SCHWEINFURTH[2] unterscheidet bei dem Meistbegünstigungsanspruch „das positive Element, wonach *der Staat* ebenso günstig *behandelt* werden soll, wie die meistbegünstigte Nation", und das „negative Element, wonach eine günstigere *Behandlung eines dritten Staats* als die des Kontrahenten unstatthaft ist"[3]. Der Meistbegünstigungsanspruch soll demnach aus dem positiven Element, dem Anspruch auf gewisse handelspolitische Vorteile, und dem negativen Element, dem Anspruch, einem dritten Staate diese Vorteile zu entziehen, bestehen. Es ist klar, daß die Ansprüche jedenfalls nur wahlweise, nicht nebeneinander geltend gemacht werden können, da einer den andern ausschließt. Die Wahl bleibt jedoch, wie festgestellt, immer dem verpflichteten Staate. Die beschriebene Teilung des Meistbegünstigungsanspruchs — der schlechthin der Anspruch auf Gleichbehandlung ist — in eine positive und negative Seite ist also m. E. unfruchtbar und dazu unkorrekt.

Die Unterscheidung der positiven und negativen Seite findet sich noch in einer anderen Form. RIEDL[4] unterscheidet die „positive Seite", die Verpflichtung, dem anderen Vertragsteil alle Vorteile oder Befreiungen zukommen zu lassen, die irgendeinem dritten Staate gewährt wurden, von der „negativen Seite", den anderen Vertragsteil nach keiner Richtung hin ungünstiger zu behandeln als irgendeinen anderen

---

[1] Wenn diese Vorteile allerdings vertraglich zugestanden wurden, was die Regel ist, wird der verpflichtete Staat selbstverständlich nicht durch die Meistbegünstigungsklausel von dieser Bindung gegenüber dem dritten Staat frei. Es bleibt ihm dann nur noch die Möglichkeit, dem berechtigten Staate die Vorteile zu gewähren, die dem meistbegünstigten Staate vertraglich eingeräumt werden.

[2] Vgl. SCHWEINFURTH: Die Meistbegünstigungsklausel, eine völkerrechtliche Studie. Diss. Heidelberg, 1911. S. 30.

[3] Das sogenannte positive Element wird auch als „Gleichbegünstigungszwang" dem „Gleichbenachteiligungszwang" gegenübergestellt. Vgl. GLIER: Die Meistbegünstigungsklausel, eine entwicklungsgeschichtliche Studie. Berlin 1905.

[4] RIEDL: a. a. O. S. 41.

Staat. Die sogenannte negative Seite ist also nicht auf eine bestimmte Behandlung des *dritten Staates* (Entziehung der Vorteile) gerichtet, sondern sie ist nur eine Wiederholung der positiven in Form der doppelten Verneinung. Das Versprechen, einen Staat so günstig wie die meistbegünstigte Nation zu behandeln, ist identisch mit dem Versprechen, ihn nicht ungünstiger zu behandeln. RIEDL sagt auch selbst, daß die „Empfindung" für den Unterschied zwischen der negativen und der positiven Seite mehr und mehr geschwunden sei, da dieser Unterschied bei der unbedingten Meistbegünstigungsklausel kaum noch eine praktische Bedeutung habe[1]. Dennoch empfiehlt er für die Formulierung der Meistbegünstigungsklausel die Kombination der positiven und der negativen Formel, wie sie bedauerlicherweise sogar auch in *die Musterklausel des Wirtschaftskomitees des Völkerbundes* aufgenommen worden ist. Sie lautet:

„1. Les Hautes Parties Contractantes conviennent de s'accorder réciproquement *le traitement inconditionnel et illimité de la nation la plus favorisée* pour tout ce qui concerne les droits de douane et tous droits accessoires, le mode de perception des droits, ainsi que les règles, formalités et charges auxquelles les opérations de dédouanement pourraient être soumises.

2. En conséquence, les produits naturels ou fabriqués *originaires* de chacune des parties contractantes *ne seront en aucun cas assujettis*, sous les rapports susvisés, à des droits, taxes ou charges autres ou plus élevés ni à des règles et formalités autres ou plus onéreuses que ceux auxquels sont ou seront assujettis les produits de même nature originaires d'un pays tiers quelconque.

3. De même, les produits naturels ou fabriqués *exportés* du territoire de chacune des parties contractantes à destination du territoire de l'autre partie *ne seront en aucun cas assujettis*, sous les mêmes rapports, à des droits, taxes ou charges autres *ou plus élevés* ni à des règles et formalités plus onéreuses que ceux auxquels sont ou seront assujettis les mêmes produits destinés au territoire d'un autre pays quelconque.

4. *Tous les avantages*, faveurs, privilèges et immunités *qui ont été ou seront accordés* à l'avenir par l'une des deux parties contractantes

[1] Bei der unbedingten Meistbegünstigungsklausel ist diese Unterscheidung inhaltslos. Man bringt hier offenbar die bedingte mit der unbedingten Meistbegünstigungsklausel durcheinander. — Die bedingte Meistbegünstigungsklausel oder Reziprozitätsklausel (vgl. unten § 10) enthält nämlich in der Tat eine negative und eine positive Seite. Unter der negativen Meistbegünstigungsklausel versteht man das Versprechen, den berechtigten Staat keiner ungünstigen *Sonderbehandlung* auszusetzen. Die negative Seite bedeutet an sich noch keine Meistbegünstigung. Sie wird zu einer solchen erst durch die Verbindung mit der positiven Klausel, die darüber hinaus — allerdings nur gegen ein Entgelt — den Anspruch auch auf Sondervorteile gewährt.

dans la matière susdite aux produits naturels ou fabriqués *originaires* d'un autre pays quelconque *ou destinés* au territoire d'un autre pays quelconque, seront, immédiatement et sans compensation, appliqués aux produits de même nature originaires de l'autre partie contractante ou destinés au territoire de cette partie.

5. Sont exceptées, toutefois, des engagements formulés au présent article, les faveurs actuellement accordées ou qui pourraient être accordées ultérieurement à d'autres états limitrophes pour faciliter le trafic frontalier ainsi que celles résultants d'une union douanière déjà conclue ou qui pourrait être conclue à l'avenir par l'une des parties contractantes."

Es mag vielleicht zweckmäßig sein, das Versprechen der Gleichbehandlung mit der meistbegünstigten Nation, welche Abs. 1 enthält, in der in Abs. 2 und 3 erfolgten Weise zu erläutern. Abs. 4 jedoch enthält — bis auf das „immédiatement et sans compensation", wozu es keines besonderen Absatzes bedurft hätte — in positiver Form genau dasselbe, was in den Absätzen 2 und 3 in Form der doppelten Verneinung steht. Bedenklich ist, daß diese Formulierung, die das Produkt reiflicher Überlegung ist, den Irrtum nahelegt, daß die Meistbegünstigungsklauseln, welche diese Wiederholung nicht enthalten, rechtlich nicht einwandfrei seien.

In den Handelsverträgen finden sich hauptsächlich die folgenden Fassungen der Meistbegünstigungsklausel:

I. Das einfache Versprechen der *Gleichbehandlung* mit der meistbegünstigten Nation findet sich im *Meistbegünstigungsabkommen zwischen dem Deutschen Reich und Bulgarien vom 8. Sept. 1921*[1]:

„Zwischen Deutschland einerseits und Bulgarien andererseits werden die Handels- und Wirtschaftsbeziehungen vom 9. Aug. 1921 ab *auf der Grundlage* der Gegenseitigkeit und der *Klausel der meistbegünstigten Nation* in allen Beziehungen geregelt."

Diese allgemeine Fassung wird häufig durch Hinzufügung der folgenden Klauseln erläutert, die jedoch auch selbständig stehen können.

II. Das Versprechen der der meistbegünstigten Nation gewährten *Vorteile* findet sich in positiver und negativer Fassung:

1. In *positiver* Fassung im *Handelsvertrag zwischen dem Deutschen Reich und Finnland vom 26. Juni 1926*, RGBl. II, 1926, S. 557.

Art. 1: „Die Angehörigen jedes vertragschließenden Teiles *genießen* im Gebiete des anderen Teiles in bezug auf Handel und Gewerbe *die gleichen Vorrechte, Befreiungen und Vergünstigungen aller Art* wie die Staatsangehörigen der meistbegünstigten Nation."

---

[1] Notenwechsel vom 8. Sept. 1921, vgl. Deutsches Handels-Archiv 1923, S. 610.

Ferner im *Handelsvertrag des Deutschen Reichs mit der Schweiz vom 14. Juli 1926*, RGBl. II, S. 675.

Art. 1: „Die vertragschließenden Teile sichern sich gegenseitig für die Einfuhr, die Ausfuhr und die Durchfuhr die Rechte und die Behandlung der meistbegünstigten Nation zu.

Jeder der vertragschließenden Teile verpflichtet sich demnach, den andern unentgeltlich und sofort an *allen Vorrechten* und Begünstigungen *teilnehmen* zu lassen, die er . . .“

Diese Klausel ist eine Verknüpfung der Klausel I mit der Klausel II, 1.

2. In *negativer* Fassung, z. B. im *Handelsvertrag zwischen dem Deutschen Reich und Großbritannien vom 2. Dez. 1924*, RGBl. 1925, II, S. 777.

Art. 8: „Die in dem Gebiete des einen der beiden vertragschließenden Teile erzeugten oder verfertigten und in die Gebiete des anderen Teiles von irgendwoher eingeführten Waren sollen *keinen anderen oder höheren Zöllen oder Abgaben unterliegen* als die in irgendeinem anderen fremden Lande erzeugten oder verfertigten gleichartigen Waren.“

Zusammenfassend sei noch einmal festgestellt, daß diese Fassungen sämtlich rechtlich einwandfrei und redaktionell der Fassung der Musterklausel vorzuziehen sind.

Am zweckmäßigsten ist m. E. die Fassung I, die evtl. durch die positive Fassung erläutert werd(kann, wie es in der Klausel II, 1 geschehen ist.

§ 4. Bedingte und unbedingte Meistbegünstigungsklausel.

1. In der Literatur und in der Praxis ist die Frage lebhaft erörtert worden, wie der berechtigte Staat zu stellen sei, wenn der meistbegünstigte Staat einen Vorteil von dem verpflichteten Staat auf Grund einer Gegenleistung, z. B. im Wege eines Handelsvertrages, erhalten hat. Ist in diesem Falle die Gegenleistung in Abzug zu bringen? — Dies ist in einigen Handelsverträgen ausdrücklich bestimmt. Vgl. *Handelsvertrag zwischen den Vereinigten Staaten und Japan vom 21. Febr. 1911*[1]:

„Art. XIV: Except as otherwise expressly provided in this Treaty, the High Contracting Parties agree that, in all that concerns commerce and navigation, any privilege, favour or immunity which either Contracting Party has actually granted, or may hereafter grant, to the citizens or subjects of any other State shall be extended to the citizens or subjects of the other Contracting Party *gratuitously, if the concession in favour of that other State shall have been gratuitous*, and on the same or equivalent conditions, if the concession shall have been conditional.“

(Bedingte Meistbegünstigungsklausel oder Reziprozitätsklausel.)

[1] Martens: Recueil, 3. Serie, Bd. 6, S. 729.

In anderen Handelsverträgen ist bestimmt, daß der berechtigte Staat die Vorrechte erwerben soll, ohne seinerseits eine Gegenleistung zu bieten. Vgl. z. B. *Freundschafts-, Handels- und Konsularvertrag zwischen dem Deutschen Reich und den Vereinigten Staaten von Amerika vom 8. Dez. 1923,* RGBl. 1925, S. 795.

Art. VII, Abs. 4: „Jeder Vorteil, gleichgültig welcher Art, den der eine Vertragsteil künftig irgendeiner in irgendeinem fremden Lande gewachsenen, erzeugten oder hergestellten Ware gewährt, soll *gleichzeitig und bedingungslos ohne Antrag und ohne Gegenleistung* auf dieselbe Ware ausgedehnt werden, wenn sie in den Gebieten des anderen Vertragsteils gewachsen, erzeugt oder hergestellt ist."

Endlich ist in einer Reihe von Verträgen dieser Punkt nicht erörtert worden. So wurde die Auslegung des Artikels VIII des Vertrages zwischen Frankreich und den Vereinigten Staaten vom 30. April 1803, betreffend die Abtretung von Louisiana:

„The ships of France shall be treated upon the footing of the most favoured nation . . ."

Gegenstand eines Konflikts zwischen den beteiligten Staaten[1].

Den Vertragsparteien steht es natürlich frei, die Meistbegünstigungsklausel bedingt oder unbedingt zu vereinbaren. Auch wenn eine ausdrückliche Vereinbarung hierüber nicht getroffen ist, wird in erster Linie bei Auslegung des Vertrages nach dem Parteiwillen zu forschen

---

[1] Durch die Kongreßakte vom 3. März 1815 wurde bestimmt: „The vessels of foreign countries were exempted from discriminating tonnage duties in the ports of the United states, provided that such countries granted reciprocal treatment to American ships in their ports." Großbritannien erkaufte die Gleichbehandlung der brit. Schiffe mit den Schiffen der Vereinigten Staaten durch Gewährung der Reziprozität. Frankreich verlangte daraufhin auf Grund des zitierten Art. VIII Gleichbehandlung mit Großbritannien ohne den Schiffen der Vereinigten Staaten Reziprozität zuzusichern. Diese Forderung wurde von den Vereinigten Staaten abgelehnt. Am 23. Dez. 1817 beantwortete der Staatssekretär John Quincy Adams eine Note Frankreichs wie folgt: „The undersigned is instructed to say that the vessels of France are treated, in the ports of Louisiana, upon the footing of the most favoured nation, and that neither the English nor any other foreign nation enjoys any gratuitous advantage there wich is not equally enjoyed by France. But English vessels, by virtue of a conditional contract, are admitted into the ports of the U. S. A., including those of Louisiana upon payment of the same duties as the vessels of the U. S. A. The condition upon wich they enjoy this advantage is, that the vessels of the U. S. A. shall be admitted into the ports of Great Britain upon payment of the same duties as are there paid by British vessels. — The eighth article of the treaty of cession stipulates that the ships of France shall be treated upon the footing of the most favoured nation in the ports of the ceded territory, but it does not say, and cannot be understood to mean, that France should enjoy as a free gift that which is conceded to other nations for a full equivalent." Die Ver. Staaten lehnten es ab, den Fall einem Schiedsgericht zu übergeben. — Vgl. „Reciprocity Treaties-Favoured nation Clauses. 62. p. Congress 1. Session Senate Document 29 Washington. 1911.

sein. Dabei ist zu berücksichtigen, welche Form der Meistbegünstigung bei den Vertragsparteien zur Zeit des Vertragsschlusses in Übung war[1]. Ergeben sich auch hieraus keine sicheren Anhaltspunkte, so ist zu entscheiden, ob die Meistbegünstigungsklausel grundsätzlich als bedingt oder als unbedingt auszulegen ist. — In dem Bericht des Wirtschaftskomitees an den Rat heißt es:

. . . „Le caractère essentiel de la clause de la nation la plus favorisée est d'empêcher toute discrimination, tandis que la clause conditionelle présente de par sa nature même, un caractère discriminatoire; elle n'offre aucun des avantages de la clause proprement dite de la nation la plus favorisée, qui tend à supprimer les heurtes économiques, à simplifier le commerce international et à le placer sur des bases plus solides."

Im wesentlichen auf die gleichen Gesichtspunkte, die hier für die *unbedingte* Meistbegünstigungsklausel geltend gemacht werden, beruft sich Staatssekretär SHERMAN in seiner Instruktion vom 11. Jan. 1898 an den Minister BUCHANAN[2] zur Rechtfertigung der *bedingten* Meistbegünstigungsklausel:

. . . „The allowance of the same privileges and the same sacrifice of revenue duties to a nation, which makes no compensation that has been conceded to another nation for an adequate compensation, instead of maintaining destroys that equality of marked privileges which the most favoured nation clause was included to secure. It concedes for nothing to one friendly nation what the other gets only for a price. It would thus *become the source of international inequality and provoke international hostility.*"

Aus der Gegenüberstellung der beiden Zitate geht hervor, daß sich mit allgemeinen Billigkeitserwägungen schwer operieren läßt. Die beiden Äußerungen sind in sich konsequent, sie gelangen jedoch zu verschiedenen Ergebnissen, weil sie schon von verschiedenen Diskriminationsbegriffen ausgehen. Nur darüber, daß jede Diskrimination unzulässig ist, besteht Einigkeit.

Die Meistbegünstigungsklausel ist m. E. aus den folgenden Gründen als grundsätzlich „unbedingt" anzusehen.

Wird für einen bestimmten Gegenstand, z. B. die Weizeneinfuhr, die Meistbegünstigung zugesagt, so sollen damit dem berechtigten Staat bezüglich dieses Gegenstandes gleiche Konkurrenzbedingungen garantiert werden. Diese Konkurrenzbedingungen drücken sich in gleichen Einfuhrzöllen usw. aus. Mußte der dritte Staat, um eine Zollermäßigung für Weizen zu erlangen, seinerseits die Zölle z. B. für optische Erzeug-

[1] Vgl. hierzu insbesondere HORNBECK: The most favoured nation clauses in commercial treaties. Madison, Wisconsin 1910.

[2] Vgl. Reciprocity Treaties a. a. O.

nisse herabsetzen, so bedeutet das wohl eine Beeinträchtigung seiner allgemeinen handelspolitischen Situation, nicht aber seiner Weizenausfuhr. Der berechtigte Staat, der gerade hierin dem dritten Staate gleichgestellt werden soll, hat daher auch einen Anspruch auf die dem dritten Staate gewährte Ermäßigung der Weizeneinfuhrzölle. — Die Reziprozitätsklausel gewährt nur gleiche Möglichkeiten, dieselben handelspolitischen Bedingungen zu erwerben. Das Versprechen ist aber gerade insofern sehr unvollkommen, als diese Möglichkeiten in erster Linie von der verschiedenen allgemeinen wirtschaftlichen Lage der verschiedenen Länder abhängen. So kann z. B. ein Land mit relativ hohen Einfuhrzöllen verhältnismäßig leicht Zugeständnisse machen dadurch, daß es diese auf eine normale Höhe herabsetzt und hierfür handelspolitische Vorteile eintauscht. Diese natürlichen wirtschaftlichen Ungleichheiten können auch durch die bedingte Meistbegünstigungsklausel nicht ausgeglichen werden. — Das Versprechen der unbedingten Meistbegünstigungsklausel reicht dagegen nicht über die tatsächliche Einflußsphäre des verpflichteten Staates hinaus. Er gewährt Gleichbehandlung nur in dem Sinne, daß er nicht aktiv in das natürliche Konkurrenzverhältnis, insbesondere nicht durch die Zollbehandlung diskriminierend eingreift. Ein derartig erfaßbarer wirtschaftlicher Vergleichsmaßstab fehlt dem bedingten Meistbegünstigungsversprechen. — Wie schon der Name sagt, gewährt die „bedingte Meistbegünstigungsklausel" die Meistbegünstigung nur unter einer Bedingung. Das Versprechen, für gleiche Kompensationen gleiche Zollvorteile zuzugestehen, ist noch keine Gleichbehandlung in Zollangelegenheiten. Wenn daher die „Meistbegünstigung" schlechthin versprochen wurde, wird man sie auch „unbedingt" auslegen müssen.

Man darf wohl die Auffassung, daß die Meistbegünstigungsklausel grundsätzlich als unbedingt auszulegen sei, heute als die herrschende ansehen[1]. Die bedingte Klausel wurde vor allem von den Vereinigten Staaten vertreten. Sie haben tatsächlich — von vereinzelten Ausnahmen abgesehen — seit dem Handelsvertrage mit Frankreich vom Jahre 1778[2] bis zum Jahre 1923 nur die bedingte Meistbegünstigungsklausel gewährt. Seit 1923 haben sie jedoch das europäische System der unbedingten Meistbegünstigungsklausel adoptiert. Der Handelsvertrag zwischen dem Deutschen Reich und den Vereinigten Staaten vom 18. Dez. 1923 ist das Muster für die darauf folgenden Handelsverträge geworden[3]. Die Tatsache, daß in diesen Verträgen die unbedingte Meist-

---

[1] Vgl. Rapport du Comité d'Experts pour la Codification progressive du Droit international, a. a. O. S. 7.

[2] MARTENS: Recueil 1. Serie, Bd. 2 (2. éd.), S. 587.

[3] Vgl. Rapport du Comité d'Experts pour la Codification progressive du Droit international, a. a. O. S. 12.

begünstigungsklausel ausdrücklich stipuliert wird, würde zwar an sich noch keinen Bruch mit der vom obersten amerikanischen Gerichtshof[1] vertretenen Auffassung, daß grundsätzlich mangels einer besonderen Vereinbarung die Meistbegünstigungsklausel bedingt gewollt sei, bedeuten. Es stellt jedoch gerade diese Auffassung auch auf die konsequente handelspolitische Tradition der Vereinigten Staaten ab. So heißt es in einem Urteil des obersten amerikanischen Gerichtshof vom Jahre 1888[1]:

„... It would require the *clearest language* to justify a conclusion that our Government intended to preclude itself from such engagements (Gewährung von Sondervorteilen) with other countries which might in the future be of the highest importance to its interests."

So ist wohl anzunehmen, daß, nachdem die Vereinigten Staaten mit ihrer handelspolitischen Tradition gebrochen haben, auch die amerikanische Rechtsprechung dieser neuen Situation Rechnung tragen wird.

2. Daß der verpflichtete Staat, der einem dritten Staate eine Zollermäßigung gegen ein entsprechendes Zollzugeständnis gewährte, die Erfüllung des unbedingten Meistbegünstigungsanspruches von einem gleichartigen Zollzugeständnis nicht abhängig machen kann, steht fest. Der verpflichtete Staat hätte sonst die Möglichkeit, durch ein Zollgesetz, welches Zollvergünstigungen nur unter der Voraussetzung gewisser Gegenleistungen gestattet, die unbedingte Meistbegünstigungsklausel in eine bedingte Meistbegünstigungsklausel (Reziprozitätsklausel) zu verwandeln. Er kann daher grundsätzlich die Erfüllung der Meistbegünstigungsverpflichtung auch nicht davon abhängig machen, daß seine Waren vom berechtigten Staat nicht diskriminiert werden. § 10 des Zolltarifgesetzes vom 25. Dez. 1902 RGBl. S. 303 bestimmt zwar:

> „Zollpflichtige Waren, die aus Ländern herstammen, in welchen deutsche Schiffe oder deutsche Waren ungünstiger behandelt werden als diejenigen anderer Länder, können neben dem tarifmäßigen Zollsatz einem Zollzuschlage bis zum doppelten Betrage dieses Satzes, also bis zur Hälfte des vollen Wertes unterworfen werden."

Diese Ermächtigung entbindet jedoch nicht von bestehenden Meistbegünstigungsverpflichtungen.

Ein entsprechender Vorbehalt zugunsten vertraglicher Abmachungen findet sich für den Fall des Abs. 2 § 10:

> „Auch können, soweit nicht Vertragsbestimmungen entgegenstehen, ausländische Waren denselben Zöllen und Zollabfertigungs-

[1] Reciprocity Treaties, Senate Document a. a. O. — Ferner die Zitate bei BASDEVANT: La Clause de la Nation la plus favorisée, Répertoire du Droit International. III. 1929.

vorschriften unterworfen werden, die im Ursprungslande auf deutsche Waren Anwendung finden."

Unklarheit besteht jedoch in den Fällen, in denen Ausländern gesetzlich eine gewisse Behandlung zugesichert wird unter der Voraussetzung, daß die Gegenseitigkeit verbürgt ist. So gewährt z. B. § 110 ZPO. den Ausländern Befreiung von Sicherheitsleistung unter der Bedingung der Gegenseitigkeit. Nach der herrschenden Lehre[1] kann mit Rücksicht auf § 110 ZPO. der berechtigte Staat Befreiung von der Sicherheitsleistung nur verlangen, wenn er sie den Angehörigen des verpflichteten Staates seinerseits gewährt. Diese Auffassung ist m. E. unzutreffend. Der unbedingt berechtigte Staat kann die Befreiung von der Sicherheitsleistung verlangen, ohne eine Gegenleistung hierfür zu bieten. Daß aber die Erfüllung der Gegenseitigkeit als eine Gegenleistung aufzufassen ist, läßt sich kaum bezweifeln. Die Verbindlichkeit der Meistbegünstigungsklausel wird auch dadurch nicht erschüttert, daß die Gegenseitigkeit durch ein formelles Gesetz zur Voraussetzung der Befreiung von der Sicherheitsleistung gemacht wird; denn ein Staat, der die unbedingte Meistbegünstigung versprochen hat, kann sich nicht unter Berufung auf die autonome Gesetzgebung, welche gewisse Vorteile nur unter der Voraussetzung von Gegenleistungen gewährt, seinen Verpflichtungen entziehen.

Mitunter wird vertraglich noch besonders festgestellt, daß der berechtigte Staat die durch die autonome Gesetzgebung des verpflichteten Staates geforderte Bedingung der Gegenseitigkeit nicht zu erfüllen braucht; vgl. *Handelsvertrag zwischen dem Deutschen Reich und Frankreich vom 17. Aug. 1927* RGBl. II, S. 523:

> Art. 25 Abs. 7: „Wenn die Gesetzgebung eines der Hohen Vertragschließenden Teile für Ausländer die Gewährung der Gleichbehandlung mit den Inländern in steuerlicher Hinsicht von der Bedingung der Gegenseitigkeit abhängig macht oder in Zukunft abhängig machen sollte, so stellen die Hohen Vertragschließenden Teile durch diesen Artikel fest, daß sie die Bedingung der Gegenseitigkeit als erfüllt ansehen."

Eine derartige Vertragsbestimmung hat jedoch nach der hier vertretenen Auffassung nur deklaratorische Bedeutung.

Selbstverständlich kann in der Klausel ausdrücklich vereinbart werden, daß der Meistbegünstigungsanspruch von einer Gegenleistung, nämlich der Verbürgung der Gegenseitigkeit abhängig sein soll. Vgl. wiederum den deutsch-französischen Handelsvertrag:

---

[1] OLG. 1900 Bd. I, 466; FULD: Tragweite der Meistbegünstigungsklausel. Zeitschr. f. intern. Privatrecht u. Strafrecht, 9. Jg., H. 5, S. 346; SCHWEINFURTH: a. a. O. S. 62; ferner die französische Literatur bei BASDEVANT a. a. O. Nr. 81 u. 82.

Art. 26, Abs. 6: „Die Vereinbarung der Meistbegünstigung gestattet jedoch keinem der Hohen Vertragschließenden Teile, für seine Gesellschaften eine günstigere Behandlung zu verlangen als die Behandlung, die er selbst den Gesellschaften des anderen Teils gewähren würde."

III. Die Voraussetzungen des Meistbegünstigungsanspruchs.

§ 5. Die günstigere Behandlung des dritten Staates.

Die Feststellung, ob die Behandlung des dritten Staates günstiger ist als die des berechtigten Staates, wird im allgemeinen keine Schwierigkeiten machen. — Im internationalen Warenverkehr drückt sich jede Vergünstigung eindeutig in einer Minderung der Zollsätze bzw. der Ein-, Aus- oder Durchfuhrbeschränkungen aus. Auf dem Gebiete des öffentlichen Fremdenrechts wird man ohne weiteres diejenige Behandlung als die günstigere ansehen dürfen, die dem Individuum größere Freiheiten einräumt.

Für das Gebiet des Privatrechts hat die Frage grundsätzlich keine Bedeutung, da — von noch zu erörternden Ausnahmen abgesehen — die Privatrechtsordnung, nach welcher die Angehörigen des Staates X vom verpflichteten Staate behandelt werden, nicht schlechthin günstiger sein kann, als die Privatrechtsordnung, der die Angehörigen eines Staates Y unterworfen sind. SPRINGER[1] wirft z. B. die Frage auf, ob grundsätzlich Formzwang oder Formlosigkeit bei der Bürgschaftsübernahme die günstigere Regelung sei; ferner, welches Alter für die Erlangung der Geschäftsfähigkeit das günstigste sei usw. Diese Schwierigkeiten ergeben sich m. E. aus der falschen Fragestellung. Vorteile und Lasten einer zivilrechtlichen Position — z. B. der Position eines Bürgschaftsschuldners — sind, vom Standpunkte der Privatrechtsordnung aus gesehen, grundsätzlich keine Vorteile und Lasten der betroffenen Person. Gewiß ist im konkreten Falle für diese je nach ihrer Rolle die eine Regelung günstiger als die andere. Für den Bürgen z. B., der sich formlos verpflichtet hat, ist der Formzwang günstiger. Aber schon die Tatsache, daß für seine Gläubiger das Gegenteil gilt, beweist, daß die Fragestellung falsch ist. Was sich im Einzelfall für die beteiligte Person subjektiv als Vorteil darstellt, erscheint im System jeder Privatrechtsordnung als der gerechte Ausgleich von Vor- und Nachteilen; denn dieser Interessenausgleich ist der eigentliche Sinn des Privatrechts. — Der berechtigte Staat kann daher m. E. grundsätzlich nicht verlangen, gemäß der Privatrechtsordnung, die auf den

---

[1] SPRINGER: Die Bedeutung der Meistbegünstigungsklausel für das intern. Privatrecht; in NIEMEYERS Zeitschr. f. intern. Recht, Bd. 27, H. 4/5, S. 321.

dritten Staat Anwendung findet, behandelt zu werden; denn sie bedeutet keine „günstigere“ Behandlung. Die Auffassung[1], daß der berechtigte Staat die Wahl habe, wenn sich nicht bestimmen lasse, welche Behandlung die günstigere sei, ist also abzulehnen.

Gewisse Privatrechtsnormen sind jedoch materiell mit öffentlichrechtlichen Elementen verquickt. Dies kann z. B. der Fall sein bei den Vorschriften über den Erwerb von Grundstücken, den Erwerb der Rechtsfähigkeit durch Handelsgesellschaften, beim Mietsrecht[2] usw. Je nachdem das polizeiliche Element hervortritt, bedeuten diese Vorschriften vom Standpunkte des Individuums gesehen eine mehr oder minder günstige Behandlung. Insofern können sie auch Gegenstand des Meistbegünstigungsanspruchs sein[3].

§ 6. Rechtliche oder faktische Begünstigung.

1. Durch die Meistbegünstigungsklausel erwirbt der berechtigte Staat das Recht auf Gleichbehandlung mit der meistbegünstigten Nation. Ein Anspruch entsteht jedoch, streng genommen, erst dann, wenn irgendeinem fremden Staate Vorteile gewährt werden, die er selbst nicht genießt, weshalb, wie S. 9 gezeigt, die Meistbegünstigungsklausel häufig kurz als Anspruch auf diesen Vorteil formuliert wird. — Die Meistbegünstigungsklausel bezieht sich nun — im Rahmen ihres vereinbarten Anwendungsgebietes (hierüber s. unten § 12) — auf sämtliche Vergünstigungen, welche der dritte, aber nicht der berechtigte Staat genießt. In einer Reihe von Handelsverträgen ist eine Aufzählung der verschiedenen Begünstigungsarten enthalten. Es wird z. B. im Handelsvertrag zwischen dem Deutschen Reich und Argentinien[4] jede „Begünstigung und Befreiung, sowie jedes Vorrecht und jede Immunität“, die der dritte Staat genießt, zugesichert. Eine derartige Häufung sich überschneidender Begriffe ist überflüssig und trägt nicht zur Klärung der Rechtslage bei. Es genügt die Zusicherung jeder Begünstigung bzw. schlechthin die Zusicherung der Behandlung, die die meistbegünstigte Nation erfährt.

Daß der dritte Staat einen völkerrechtlichen Anspruch — etwa auf Grund eines Handelsvertrages — auf die Begünstigung habe, ist nicht erforderlich[5]. Schon durch die *tatsächliche* Begünstigung des dritten

---

[1] BASDEVANT: a. a. O. Nr. 143.

[2] Für das französische Mietsrecht vgl. BASDEVANT: a. a. O. Nr. 154ff.

[3] Selbstverständlich ist hierdurch nicht die ganz andere Frage entschieden, ob die Meistbegünstigungsklausel eines bestimmten Handelsvertrages sich auf diese Gegenstände erstreckt. Diese beiden Fragen werden bei BASDEVANT a. a. O. Nr. 137ff., 143 m. E. nicht mit der genügenden Schärfe auseinandergehalten.

[4] Vgl. Freundschafts-, Handels- und Schiffahrtsvertrag vom 19. Sept. 1857. Preuß. GS. 1857, S. 405.

[5] Vgl. HEILBORN: Völkerrecht in KOHLERS Encykl. V. S. 548.

Staates entsteht der Meistbegünstigungsanspruch; vgl. das *Meistbegünstigungsabkommen zwischen Estland und den Vereinigten Staaten vom 2. März 1925* (MARTENS: Recueil, 3. Serie, Bd. 18, S. 56):

> „It is understood that... every concession with respect to any duty, charge or regulation affecting commerce, now accorded or that may hereafter be accorded by the U.S.A. or by Esthonia, *by law, proclamation, decree or commercial treaty or agreement,* to any foreign country will become immediatly applicable without request and without compensation to the commerce of Esthonia and of the U.S.A. and its territories and possessions respectively."

Daß der Meistbegünstigungsanspruch sich nicht nur auf die *durch einen Handelsvertrag* dem *dritten* Staate eingeräumten Vorteile erstreckt, folgt aus dem Wesen der Meistbegünstigung und bedarf keiner besonderen Hervorhebung in der Klausel. Der berechtigte Staat wird nämlich in der Konkurrenz mit dem meistbegünstigten Staate durch Vorteile, die diesem faktisch gewährt werden, nicht minder benachteiligt als durch Vorteile, die der meistbegünstigte Staat auf Grund eines Handelsvertrages genießt.

Eine von der Regel abweichende Formulierung der Meistbegünstigungsklausel findet sich in dem *Handelsvertrag zwischen Dänemark und Mecklenburg-Schwerin vom 25. Nov. 1845*, Ges. S. II 3, S. 582:

> „Die Hohen Kontrahierenden Teile sind übereingekommen, den beiderseitigen Untertanen, die in einem oder dem anderen Lande Handel treiben oder sich daselbst aufhalten, solange sie sich den Gesetzen und Verordnungen ihres Aufenthaltsortes unterwerfen, sowohl für ihre Personen und Waren als auch für ihre Handelsunternehmungen alle die Vorteile, Freiheiten und Begünstigungen gegenseitig zu bewilligen, welche den Angehörigen der meistbegünstigten Nation durch die von dem einen oder dem anderen der Hohen Kontrahenten mit anderen Mächten geschlossenen *Handelsverträge eingeräumt worden sind* oder künftig eingeräumt werden dürften."

Es ist dies m. E. lediglich eine etwas enge Fassung der Meistbegünstigungsklausel, der besondere rechtliche Bedeutung wohl nicht zukommen soll. Handelspolitische Konzessionen werden regelmäßig in Handelsverträgen festgelegt. So wird auch in der obigen Klausel auf den Handelsvertrag als pars pro toto abgestellt.

Daß sich die faktische Vorzugsbehandlung der meistbegünstigten Nation durch wiederholte Fälle dokumentiert, ist nicht nötig. Man wird jedoch verlangen müssen, daß sie Ausdruck eines Behandlungsprinzips ist. Auf eine irrtümliche, wenn auch längere Zeit gewährte Begünstigung des dritten Staates kann sich der berechtigte Staat natürlich nicht berufen.

Der Rechtstitel, auf Grund dessen der dritte Staat begünstigt wird, kann insofern — in negativem Sinne — erheblich sein, als die auf Grund gewisser Rechtstitel gewährten Begünstigungen dem Meistbegünstigungsanspruch entzogen sind. — Im Wirtschaftskomitee des Völkerbundes ist z. B. die Frage erörtert worden, ob sich eine Beschränkung der Meistbegünstigungsklausel in der Weise empfehle, daß der berechtigte Staat ausdrücklich von den Vorteilen ausgeschlossen würde, die in Erfüllung der vom Völkerbund propagierten, multilateralen Wirtschaftskonventionen betreffend gemeinsame Zollsenkung usw. gewährt werden. Andernfalls wäre in der Tat der Anreiz, einer solchen Konvention beizutreten, gering; denn dem berechtigten Staate erwachsen aus dem Beitritt nur Pflichten, da er die Vorteile, welche die Konventionsstaaten sich gewähren, schon auf Grund der Meistbegünstigungsklausel genießt[1].

Eine ähnliche Beschränkung findet sich in vielen Meistbegünstigungsklauseln bezüglich der Vorteile, die auf Grund eines Zollunionvertrages gewährt werden[2] (vgl. unten S. 20f.).

2. Ist der Vorteil ein rechtlicher, d. h. hat der dritte Staat auf Grund eines Handelsvertrages einen Anspruch auf einen Vorteil, z. B. eine Zollermäßigung, so kann der berechtigte Staat seinerseits daraus Ansprüche nur herleiten, wenn der Vertragsanspruch des dritten Staates bereits realisierbar ist und insofern schon einen faktischen Vorteil darstellt. Das ist jedoch der Normalfall. Wenn daher einem Staat eine Zollermäßigung vertraglich gewährt wird, kann im allgemeinen der berechtigte Staat diese für sich verlangen, selbst wenn sie gegenüber dem dritten Staate noch nicht zur Anwendung gekommen ist. Dies kann praktisch werden, wenn der berechtigte Staat gewisse Waren — z. B. agrarische Produkte — zu einer früheren Jahreszeit einzuführen pflegt als der dritte Staat. Wird jedoch der Anspruch des dritten Staates vom verpflichteten Staate nicht anerkannt, so kann er auch vom berechtigten Staate nicht geltend gemacht werden, selbst wenn der Anspruch des dritten Staates seiner Auffassung nach begründet ist. Der berechtigte Staat würde privilegiert, wenn er Vorteile beanspruchen könnte, deren Genuß dem rechtlich meistbegünstigten Staate tatsächlich versagt ist. — Die Frage ist insoweit praktisch nicht sehr bedeutsam, als im allgemeinen der verpflichtete Staat den Anspruch des berechtigten Staates ebensowenig anerkennen würde, wie den des dritten Staates. Wichtig ist jedoch, daß nach der hier vertretenen Auffassung der berechtigte Staat sich nicht in die Rechtsbeziehungen zwischen dem meistbegünstigten und dem verpflichteten Staate einmischen, sondern sich nur an das Ergebnis des Konfliktes zwischen den beiden Staaten halten kann.

3. Fällt der Vorteil des meistbegünstigten Staates weg, so erlischt auch der Anspruch des berechtigten Staates. War dieser schon im Ge-

---

[1] Vgl. S. d. N. Section d'information, Drucksache vom 13. April 1929.

[2] Wegen der Vorteile, die in Verträgen zur Vermeidung der Doppelbesteuerung gewährt werden, s. unten S. 33.

nusse des Vorteils, so kann er ihm wieder entzogen werden[1], denn der verpflichtete Staat hat dem berechtigten nur die Gleichbehandlung zu gewähren, ohne sonst in seiner handelspolitischen Autonomie beschränkt zu sein. Dem steht nicht im Wege, daß der verpflichtete Staat es unter Umständen für opportun halten kann, den Vorteil weiter zu gewähren[2]. So entzog z. B. auch Deutschland während des Krieges den neutralen Staaten nicht die handelspolitischen Vorteile, die sie ursprünglich aus den inzwischen erloschenen Handelsverträgen mit den Feindstaaten herleiteten. Vgl. Bundesratsverordnung vom 10. Aug. 1914, RGBl. 1914, S. 367. — Nach LEHR[3] kann ein Vorteil dem berechtigten Staat nicht mehr entzogen werden, wenn er inzwischen Gegenstand diplomatischer Verhandlungen geworden ist. Hier kommt es m. E. allein darauf an, ob diese Verhandlungen zu einem Vertragsschluß geführt haben. Daß der unsichere, auf Grund der Meistbegünstigungsklausel erlangte Vorteil nachträglich vertraglich gebunden werden kann, ist allerdings selbstverständlich. Der Rechtstitel für diesen Vorteil ist dann aber nicht mehr die Meistbegünstigungsklausel.

§ 7. Der „dritte" Staat.

1. Der Meistbegünstigungsanspruch bezieht sich nur auf die Behandlung, die der verpflichtete Staat dritten Nationen gewährt. — So kann ein Staat, dem das Deutsche Reich die Meistbegünstigung versprach, selbstverständlich die zwischen den deutschen Ländern bestehende Zollfreiheit nicht für seine Einfuhr in das deutsche Zollgebiet in Anspruch nehmen. — Ein Bundesstaat mit einheitlichem Zollgebiet hat handelspolitisch den Charakter eines Einheitsstaates. Die handelspolitischen Beziehungen der Gliedstaaten untereinander sind eine interne Angelegenheit. Dies ist allgemein anerkannt[4].

Rechtliche Schwierigkeiten ergeben sich jedoch dann, wenn das Zollgebiet sich mit der staatlichen Gebietskörperschaft nicht deckt. In Form der Zollunion z. B. schließen sich mehrere Staatsgebietskörperschaften zu einer neuen handelspolitischen Gebietskörperschaft zusammen[5].

---

[1] VISSER: La Clause de la Nation la plus favorisée. Revue de Droit international 2e Série IV. 1902. — Ferner SCHWEINFURTH: a. a. O. S. 28.

[2] Dies kann selbstverständlich auch besonders vereinbart werden. Es ist jedoch nicht mehr die Vereinbarung der Meistbegünstigung. Vgl. die bei BASDEVANT: a. a. O. Nr. 92 angeführten Quellen.

[3] LEHR: Revue de Droit international, 1893, S. 314. VON TEUBERN: Die Meistbegünstigungsklausel in den internationalen Handelsverträgen. Beiheft I zum 7. Bd. der Zeitschr. f. Völkerrecht u. Bundesstaatsrecht. Breslau 1913.

[4] Vgl. Bundesverf. von Australien 1900. Art. 88 u. 95 v. BATTAGLIA: 65; von TEUBERN 29.

[5] Ein Auseinanderfallen von Zollgebietskörperschaft und Staatsgebietskörperschaft haben auch die Zollanschlüsse bzw. -ausschlüsse zur Folge.

Welchen Einfluß hat nun der Abschluß einer derartigen Zollunion auf bestehende Meistbegünstigungsvereinbarungen? Kann der berechtigte Staat die Vorteile verlangen, welche die Unionsstaaten sich gegenseitig einräumen? — Zunächst ist festzustellen, daß Handelsverträge dadurch, daß eine Vertragspartei eine Zollunion eingeht, nicht erlöschen.

Aus der Tatsache, daß — wie RIEDL[1] im Jahre 1928 feststellt — in 92 Handelsverträgen ausdrücklich vereinbart ist, daß die Meistbegünstigungsklausel sich nicht auf die auf Grund einer Zollunion gewährten Vorteile erstreckt, läßt sich entnehmen, daß ein Handelsvertrag durch den Abschluß einer Zollunion grundsätzlich nicht berührt werden soll. Würde er ipso iure erlöschen, so bedürfte es nicht des Vorbehalts für den Fall einer Zollunion. — Diese Auffassung wird auch durch den *Belgisch-Luxemburg. Zollunionsvertrag vom 25. Juni 1921*[2] bestätigt:

> Art. 5, Abs. 1: „Dès l'entrée en vigueur de la présente convention le gouvernement belge s'efforcera d'obtenir que sur la demande du gouvernement grand-ducal, les traités de commerce et accords économiques existants entre la Belgique et d'autres nations soient étendus au grand-duché de Luxembourg."

Nach der Auffassung der beteiligten Staaten gelten hier also bis zu dem Abschluß dieser neuen Verträge die alten Verträge weiter, obwohl die ursprüngliche Vertragsgrundlage, das Zollgebiet, sich völlig verändert hat. Es sei hier erwähnt, daß das Deutsche Reich im Jahre 1894 — gelegentlich eines Konfliktes mit den Vereinigten Staaten bezüglich der Auslegung der Meistbegünstigungsklausel des Handelsvertrages zwischen Preußen und den Vereinigten Staaten vom 1. Mai 1828 — den Standpunkt vertreten hat, daß es in diesen preußischen Vertrag ohne weiteres eingetreten sei[3].

Eine entsprechende Ausdehnung der bestehenden Handelsverträge der einzelnen Unionsstaaten auf das gesamte Zollunionsgebiet würde zu unlösbaren Schwierigkeiten führen, wenn mehrere Unionsstaaten mit dem anderen Staat Handelsverträge verschiedenen Inhalts abgeschlossen haben. Welcher Vertrag sollte dann für das Zollunionsgebiet maßgebend sein? Diese Frage soll hier nur angedeutet werden. Im Rahmen dieser Arbeit genügt es festzustellen, daß ein Handelsvertrag und — was hier vor allem interessiert — ein Meistbegünstigungsvertrag nicht erlischt, wenn eine Vertragspartei eine Zollunion eingeht.

---

[1] RIEDL: a. a. O. S. 94. [2] Moniteur Belge 1922, S. 2155.

[3] Demgegenüber erklärte der amerik. Staatssekretär OLNY: „Man soll nicht außer acht lassen, daß, obgleich dieser Vertrag in Hinsicht auf diejenigen Teile des Deutschen Reiches, welcher das Königreich Preußen bildet, als in Kraft bestehend anzusehen ist, keine Tatsache oder Erwägung, die mir zur Kenntnis unterbreitet wurde, die Annahme rechtfertigt, daß derselbe als wirksam für andere Teile des Reiches aufgefaßt werden muß." — Vgl. Näheres über diesen Konflikt GLIER: a. a. O. S. 303ff.

Wie bereits erwähnt, ist in zahlreichen Meistbegünstigungsklauseln ausdrücklich bestimmt, daß der berechtigte Staat Vorteile, die einem dritten Staate durch Abschluß einer Zollunion gewährt werden, nicht verlangen kann. Nach der herrschenden Lehre hat ein solcher Zollunionsvorbehalt nur deklaratorischen Charakter. So führt z. B. gelegentlich des Abschlusses der Zollunion zwischen Frankreich und Monaco vom 9. Nov. 1865 [1] der französische Handelsminister (ministre de l'Agriculture, du Commerce et des Finances publiques) in einem an die französischen Handelskammern gerichteten Zirkular [2] aus:

„La convention conclue, le 9. nov. 1865 est une union douanière, dont l'objet est d'étendre pour toutes les opérations commerciales et maritimes les frontières de l'empire français jusqu'à l'extrême frontière de la principauté. En fait, au point de vue douanier, il n'existe plus dans la principauté de Monaco que des ports français régis par des lois françaises, donc une assimilation complète entre le pavillon de Monaco et le pavillon français. Tel a été le but des dispositions de l'article 4 de la convention du 9. nov. 1865. Entre une union douanière ainsi définie et un traité de commerce, il y a des différences essentielles résultant de la nature même des obligations réciproques qui découlent de l'un et l'autre acte; dans le premier cas les barrières de douanes s'abaissent et disparaissent, *il y a fusion complète des intérets commerciales et maritimes;* dans le second cas, des concessions mutuelles des tarifs sont faites, les relations deviennent plus intimes, plus suivies, mais chacune des parties conserve dans l'espèce son autonomie et la ligne de douanes. De la comparaison de ces deux situations différentes il résulte qu'aucune des puissances avec lesquelles la France a conclu des traités de commerce et de navigation contenant au profit de chacune des parties contractantes la clause du traitement de la nation la plus favorisée, ne saurait réclamer soit pour son industrie et son commerce, soit pour sa marine marchande les avantages concédés au commerce et à la marine de la principauté de Monaco par l'union douanière du 9. nov. 1865."

In der Tat werden durch eine Zollunion die unierten Staaten handelspolitisch zu einer Einheit verschmolzen und bilden somit handelspolitisch ein neues Subjekt [3]. Die Vorteile, welche die Unionsstaaten einander einräumen, gewährten sie daher auch nicht einer „dritten" Nation. Ob die Zollunion als ein neues Rechtssubjekt des Völkerrechts anzusehen

---

[1] Dalloz: Recueil 1866, S. 4—6.

[2] Vgl. Farra: a. a. O. S. 94.

[3] Vgl. Comité Économique C. 20 M. 14. 1928 S. 11: „l'unité économique devient effectivement différente de l'unité politique et l'on peut considérer d'union douanière comme la suppression de la frontière douanière plutôt que comme une differenciation entre fournisseurs et étrangers concurrents".

ist, was in der Literatur[1] vielfach ohne eingehende Begründung angenommen wird, soll im Rahmen dieser Arbeit nicht erörtert werden.

M. E. wäre es auch verfehlt, die Lösung der vorliegenden praktischen Auslegungsfragen — darum handelt es sich; denn die Meistbegünstigung ist eine Vertragsklausel und kein Grundbegriff der allgemeinen Rechtslogik — in dem Problem der Rechtssubjektivität zu suchen. Der entscheidende Gesichtspunkt scheint mir zu sein, daß bei der Zollunion das die Unionsstaaten umfassende Gebiet zollpolitisch einheitlich organisiert und geleitet ist. So wirkt die Union nach außen als eine selbständige politische Macht, ohne sich von anderen Subjekten der internationalen Handelspolitik, die den Charakter von Staaten haben, zu unterscheiden. Dies kommt beim Abschluß von Handelsverträgen zum Ausdruck. Hierbei ist es für die Dynamik der handelspolitischen Beziehungen belanglos, ob der Handelsvertrag formell im Namen der Zollunion oder im Namen der unierten Staaten abgeschlossen wurde. Obwohl z. B. in Art. 5 des Belg.-Luxemburg. Zollunionsvertrages bestimmt wurde, daß künftige Handelsverträge im Namen der Zollunion (au nom de l'union douanière) abgeschlossen werden sollen, findet sich im vorläufigen Handelsabkommen zwischen dem Deutschen Reich und der Belg.-Luxemburg. Zollunion vom 4. April 1925 RGBl. II, 1925, S. 883 die folgende Präambel:

„Der deutsche Reichspräsident einerseits und S. M. der König der Belgier *im eigenen Namen, sowie auf Grund bestehender Verträge zugleich im Namen Ihrer Kgl. Hoheit der Großherzogin von Luxemburg andererseits*, gleicherseits von dem Wunsche beseelt, die zwischen Deutschland und der Belgisch-Luxemburgischen Wirtschaftsunion bereits bestehenden Handelsbeziehungen zu fördern, haben beschlossen, zu diesem Zwecke ein vorläufiges Handelsabkommen abzuschließen und haben zu Bevollmächtigten ernannt . . ."

Diese Fassung ändert nichts an der Tatsache, daß bei den Handelsvertragsverhandlungen die Zollunion dem Deutschen Reich als eine geschlossene Macht gegenüberstand. — Unter Behandlung der meistbegünstigten „Nation" ist nun die Behandlung zu verstehen, die einer anderen unabhängigen handelspolitischen Macht gewährt wird, welche, wie dargelegt, mit einem Staate nicht identisch zu sein braucht. Unionsstaaten, die einander weitgehende Zugeständnisse machen, tun dies unter dem Schutze der sie einenden Union. Für diese Zugeständnisse gelten somit andere Maßstäbe als für diejenigen zwischen unabhängigen — „dritten" — Staaten. Es sind Zugeständnisse sui generis, die deshalb

---

[1] v. Battaglia: Ein Zoll- u. Wirtschaftsbündnis zwischen Österreich-Ungarn und Deutschland, S. 56. Bosc: Zollalliancen u. Zollunionen in ihrer Bedeutung f. d. Handelspolitik der Vergangenheit u. Zukunft S. 80. Meine: Die Beschränkungen in den Meistbegünstigungsklauseln, S. 40.

von einem Staate, der der Union nicht angehört, auf Grund der Meistbegünstigungsklausel nicht beansprucht werden können[1].

Nach der herrschenden Lehre[1] soll dies nur für die sogenannte „vollkommene Zollunion" gelten, bei der im Gegensatz zur „unvollkommenen Zollunion" die Zwischenzollinien an den gemeinsamen Grenzen der Unionsstaaten beseitigt sind. Dieses Moment bedeutet ein wesentliches Hindernis für die Bildung von Zollunionen überhaupt. Die „unvollkommene Zollunion" ist nämlich unter Umständen die unvermeidliche Übergangsstufe zur „vollkommenen Zollunion", die ohne allzu gewaltsame Erschütterungen der nationalen Wirtschaft nur durch langsamen kontinuierlichen Abbau der Zwischenzölle erreicht werden kann. Wenn nun sämtlichen Staaten, mit denen Meistbegünstigungsverträge bestehen, das Recht zuerkannt wird, sich (einseitig!) in die „unvollkommene Zollunion" einzuschalten, wird sich kaum ein Staat zum Abschluß einer solchen entschließen. Außenstehende Staaten stehen naturgemäß der Bildung der Union nicht wohlwollend gegenüber und werden die Möglichkeit, diese zu verhindern, nur ungern aus der Hand geben.

Die beschriebene Unterscheidung zwischen „vollkommener" und „unvollkommener" Zollunion ist besonders von österreichischen Autoren[2] wiederholt kritisiert worden. Indem sie davon ausgehen, daß unbestritten auf Grund der Meistbegünstigungsklausel die berechtigten Staaten aus der totalen Beseitigung des Zwischenzolles Rechte nicht für sich herleiten können, schließen sie a majore ad minus, daß sie sich erst recht nicht auf eine bloße Herabsetzung der Zwischenzollsätze berufen könnten. Dies ist m. E. im Ergebnis richtig, in der Schlußforderung fehlt jedoch ein wesentliches Glied. Die Anwendung des Schlusses a majori ad minus setzt voraus, daß die „vollkommene Zollunion" sich von der „unvollkommenen Zollunion" nur graduell, nicht qualitativ unterscheidet. Dies wird von der „a-majore-Lehre" als selbstverständlich unterstellt, während gerade die herrschende Lehre von dem Gegen-

---

[1] FARRA: a. a. O. S. 97 ist der Ansicht, daß die Meistbegünstigungsklausel sich grundsätzlich auch auf diese Vorteile erstreckt. Er gibt andererseits zu, daß es ein unhaltbares Ergebnis wäre, wenn alle meistbegünstigten Staaten von Frankreich die Vorteile, die es Monaco gewährt, hätten verlangen können. Er schlägt daher vor, „d'adopter en cette matière la politique americaine et la theorie de la réciprocité: seront admis par le jeu de la clause de la nation la plus favorisée au bénéfice des stipulations, faites avec les pays de l'union douanière ceux, qui donneront au pays concédant les mêmes avantages que ceux avec qui il a fait cette union douanière." Dies scheint wenig konsequent, nachdem er kurz zuvor auf S. 87 die amerikanischà Auslegung der Meistbegünstigungsklausel wie folgt charakterisiert hat: „C'est là une entorse violente donnée au principe essentiel de la clause de la nation la plus favorisée, qui est celui de l'extension inconditionelle." Vgl. ferner BOSC: a. a. O. S. 77.

[2] v. BATTAGLIA: S. 66. SCHILDER: Meistbegünstigung und Zollbevorzugung. Zeitschrift für Völkerrecht 1920. S. 291; RIEDL: a. a. O. S. 94.

teil ausgeht, und die „vollkommene Zollunion" als ein aliud gegenüber der „unvollkommenen" betrachtet[1].

Der leitende Gesichtspunkt für die Behandlung der vollkommenen Zollunion ist — nach der herrschenden Lehre — der Umstand, daß die Unionsstaaten in einer neuen handelspolitischen Einheit aufgegangen sind und somit die Beseitigung der Zwischenzölle eine interne Angelegenheit der Union geworden ist. M. E. muß man folgerichtig auch eine bloße Herabsetzung der Zwischenzölle als eine interne Angelegenheit betrachten, wenn man nicht annimmt, daß schon das Bestehen der Zwischenzollinien die Entstehung eines neuen handelspolitischen Subjekts im Sinne der herrschenden Lehre ausschließt. Zu dieser Annahme besteht aber kein Anlaß; denn es ist sehr wohl eine handelspolitische Körperschaft denkbar, die nach innen gegliedert ist, jedoch nach außen als geschlossene Einheit in Erscheinung tritt[2]. Die Zwischenzollinien hätten dann allerdings nicht mehr den Charakter eines Außenzolles, sondern eines Binnenzolles. Binnenzölle waren früher keine Seltenheit. Riedl[3] weist z. B. darauf hin, daß bis zum Jahre 1923 in Tirol für die Einfuhr von Getreide aus den übrigen österreichischen Ländern ein Zoll (der Tiroler Getreideaufschlag) erhoben wurde. Nach der herrschenden Lehre könnten auf einen derartigen Zoll Meistbegünstigungsrechte gestützt werden. — Beispielsweise sei auf die Belgisch-Luxemburgische Zollunion hingewiesen. Auch ohne die Beseitigung der Zwischenzölle würde sie auf Grund der einheitlichen Außenzollinie sowie ihrer korporativen Organisation dritten Staaten gegenüber als zollpolitisch einheitliches Gebilde in Erscheinung treten.

Vgl. den *Belgisch-Luxemburgischen Zollunionsvertrag:*

Art. 2: „Dès l'entrée en vigueur de la présente Convention les territoires des deux états contractantes seront considérés comme ne formant qu'un seul territoire au point de vue de la douane et des accises communes et *la frontière douanière entre les deux pays sera supprimée.*

Art. 5, Abs. 2: Les futures traités de commerce et accords économiques seront conclus *au nom de l'union douanière.* Aucun traité de commerce ni accord économique ne pourra être conclu ni modifié sans que le gouvernement luxembourgeois aît été entendu.

Art. 11: Sera considéré comme recette commune le produit

a) des droits d'entrée, de sortie, de transit,

b) . . .

Cette recette commune, déduction faite des remboursements bonifi-

---

[1] Lederle: Zeitschrift für Völkerrecht 1920. S. 395.

[2] Abgesehen von den typischen Binnenzöllen sei z. B. an die Zollinien zwischen Kolonie und Mutterland erinnert (vgl. hierzu unten S. 27).

[3] Riedl: a. a. O. S. 94.

cations, frais de perception et d'administration sera répartie entre les parties contractantes proportionellement à la population de leurs territoires, . . .

Art. 15: Chaque Etat de l'union douanière récrutera exclusivement parmi ses sujets le personel des douanes et accises.

Art. 19: Pour assurer l'unité dans l'administration de l'union douanière, il sera formé avec siège à Bruxelles un conseil administratif mixte composé de trois membres . . .

Art. 27: Il est créé sous le titre de conseil supérieur de l'union un organe consultatif chargé d'assurer la liaison entre les deux gouvernement belge et luxembourgeois en vue de l'exécution de la présente Convention . . .

Art. 28: S'il s'élevait entre les parties contractantes un différend sur l'interprétation et l'application d'une clause du présent traité, le litige, si l'une des parties en fait la demande, sera réglè par la voie d'arbitrage . . . Le tribunal d'arbitrage siègera à Bruxelles . . .

Art. 29: Le présent traité est conclu pour une durée de *cinquante ans* . . ."

Das Bestehen einer Zwischenzollinie mag also für die Beurteilung der inneren Organisation einer Zollunion wichtig sein. Für die Lösung des vorliegenden Meistbegünstigungsproblems ist dies Kriterium jedoch unbrauchbar.

Es sei hier noch darauf hingewiesen, daß die hier entwickelte Auffassung nicht auf einem Schluß a majore ad minus beruht. Im Gegenteil handelte es sich gerade um die Frage, ob nicht ein Schluß a minore ad majus vorliegt, nämlich ob die unvollkommene Zollunion wegen der inneren Gliederung zu Unrecht als einheitliches handelspolitisches Gebilde behandelt wird.

Daß die hier vertretene Auffassung es nahelegt, unter dem Vorwande einer unvollkommenen Zollunion beliebigen Ländern unter Umgehung bestehender Meistbegünstigungsverträge Preferenzzölle einzuräumen, scheint mir praktisch nicht zu befürchten zu sein; denn auch die unvollkommene Zollunion bedeutet für die beteiligten Staaten die Einbuße ihrer handelspolitischen Selbständigkeit. So wird im konkreten Falle auch eine unvollkommene Zollunion ohne Schwierigkeiten von einem Handelsvertrag zu unterscheiden sein[1].

2. Im Wirtschaftskomitee des Völkerbundes ist die Frage erörtert worden, ob die Meistbegünstigungsklausel grundsätzlich auch einen

---

[1] Die Bezeichnung des Vertrages ist selbstverständlich nicht entscheidend. Österreich bezeichnet seinen Handelsvertrag mit dem Herzogtum Modena als Zollunionsvertrag, um Meistbegünstigungsansprüche Sardiniens abzuschneiden. Es berief sich auf den Protest Sardiniens darauf, daß der Begriff der Zollunion nicht geklärt sei, gab aber schließlich nach. S. hierzu v. BATTAGLIA: S. 54. PRADIER-FODÉRÉ: Traité de Droit international public T. IV, S. 418.

Anspruch auf die Behandlung gibt, welche auf Grund eines Kollektivabkommens, z. B. einer gemeinsamen Zollsenkungsaktion gewährt wurde[1]. Die Frage ist m. E. mit Recht bejaht worden. Die handelspolitische Konzession, die ein Konventionsstaat dem anderen macht, gewährt er dritten Staaten, die durch die Konvention in ihrer handelspolitischen Selbständigkeit keine Einbuße erlitten haben.

3. Für die Frage, ob die Meistbegünstigung sich auch auf das handelspolitische Verhältnis des verpflichteten Staates zu seinen Kolonien, Dominien, Protektoraten und Mandatsgebieten (und umgekehrt) erstreckt, sind die gleichen rechtlichen Gesichtspunkte maßgebend, wie die oben für die Zollunion entwickelten. Es kommt darauf an, ob das Mutterland mit der Kolonie eine handelspolitische Einheit bildet. Daß diese Einheit trotz einer Zwischenzollinie zwischen Mutterland und Kolonie möglich ist, ist in diesem Falle in der Literatur nicht angezweifelt worden. Eine rechtliche Vermutung dafür, daß Mutterland und Kolonie ein handelspolitisches Subjekt bilden, besteht nicht[2].

Es bedarf also in Anbetracht der Mannigfaltigkeit der handelspolitischen Beziehungen zwischen den verschiedenen Kolonialmächten und ihren Kolonien jeder Fall einer besonderen Prüfung. Praktisch klären allerdings die meisten Kolonialmächte die Rechtslage schon beim Abschluß der Meistbegünstigungsverträge. Von wenigen Ausnahmen abgesehen schließen sie den berechtigten Staat von der Vorzugsbehandlung, die die Kolonien genießen, aus. Vgl. z. B. den *Handelsvertrag zwischen dem Deutschen Reich und Frankreich vom 17. Aug. 1927.*

> Artikel 45. „Die Gewährung der Meistbegünstigung gibt Deutschland nicht das Recht, die Vorzugsbehandlung zu beanspruchen, die Frankreich gegenwärtig oder künftig den französischen Kolonien, Protektoraten oder Mandatsgebieten in seinem Zollgebiet oder die die französischen Kolonien und Protektorate gegenwärtig oder künftig Frankreich, den französischen Kolonien, Protektoraten und Mandatsgebieten gewähren."

Großbritannien schließt alle nicht zum britischen Empire gehörigen „fremden"[3] Länder von dem preferential tarif durch die folgende

[1] S. d. N. Section d'information. Note sur la 27. Session du Comité Économique.

[2] A. A. BASDEVANT: No. 66. Si le traité ne règle pas la question directement ou indirectement, il faut admettre la solution négative; car, au regard des principes fondamentaux de l'organisation internationale moderne du commerce, les colonies ne sont pas en principe des nations étrangères aux parties de leurs Etats. Vgl. ferner VISSER: a. a. O. S. 81. — Es ist richtig, daß die handelspol. Praxis Kolonien selten als „dritte" Staaten behandelt und daß dies sogar in den Handelsverträgen meist ausdrücklich vereinbart wird. Eine Vermutung wird aber dadurch noch nicht begründet. Vgl. hierzu ferner HORNBECK: a. a. O. 402, S. 414.

[3] Vgl. RIEDL: a. a. O. S. 112.

Klausel aus. Vgl. den bereits zitierten Handelsvertrag zwischen dem Deutschen Reich und Großbritannien (s. oben S. 10):

Art. 8: „In den Gebieten des einen der beiden vertragschließenden Teile erzeugte oder verfertigte und in die Gebiete des andern Teiles von irgendwoher eingeführte Waren sollen keinen anderen oder höheren Zöllen oder Abgaben unterliegen als die in irgendeinem andern *fremden* Lande erzeugten oder verfertigten Waren."

4. Endlich sei erwähnt, daß einige Staaten den Meistbegünstigungsanspruch von der Behandlung, die sie gewissen, in der Klausel bestimmten Staaten zugestehen, ausschließen. Die Sonderbehandlung, d. h. die unbeschränkte Meistbegünstigung wird dann meist Staaten gewährt, die entweder früher mit dem verpflichteten Staate handelspolitisch eine Einheit bildeten oder sonst zu ihm in engeren wirtschaftlichen oder politischen Beziehungen stehen.

Vgl. die skandinavische Klausel (Norwegen-Schweden-Dänemark),
die iberische Klausel (Spanien-Portugal),
die baltische Klausel (Finnland-Estland-Lettland-Litauen-Rußland usw.).

Da diese Sonderbehandlung immerhin „dritten" handelspolitisch selbständigen Staaten gewährt wird, darf sie auch einem berechtigten Staate grundsätzlich nicht versagt werden. Selbst wenn der dritte Staat sie traditionell genießt, bedarf es doch zu einer derartigen Beschränkung des Meistbegünstigungsanspruchs in jeder Meistbegünstigungsklausel eines entsprechenden Vorbehalts[1]. J. Wolf[2] will durch diese Klauseln nachweisen, daß eine Sonderbehandlung im Rahmen der Meistbegünstigungsklausel möglich sei. M. E. geht aus den Klauseln nur hervor, daß eine Sonderbehandlung durch Beschränkung der Meistbegünstigungsklausel, d. h. soweit die Meistbegünstigungsklausel nicht gilt, möglich ist. Dies ist aber wohl nie bezweifelt worden.

IV. Das Ziel des Meistbegünstigungsanspruches.

§ 8. Der Anspruch auf Gleichbehandlung.

1. Es wurde festgestellt, daß der berechtigte Staat die Behandlung, die der meistbegünstigte Staat faktisch erfährt, für sich in Anspruch nehmen kann. Es ist dabei allerdings zu beachten, daß diese Behandlung als individuelles Ereignis schlechthin nicht wiederholbar ist. Lediglich das ihr innewohnende Behandlungsprinzip kann auf den be-

---

[1] Comité Économique: Rapport vom 23. Januar 1929, a. a. O. S. 11.

[2] Vgl. J. Wolf: Vorzugsbehandlung im Rahmen der Meistbegünstigung. Festgabe für Friedr. J. Neumann zum 70. Geburtstag. S. 315. Tübingen 1905. Vgl. insbesondere die dort ausführlich zitierten Quellen.

rechtigten Staat angewandt werden. Das Behandlungsprinzip ist nach Tatbestand und Rechtsfolge zu bestimmen. Demnach garantiert die Meistbegünstigungsklausel bei gleichem handelspolitischem Tatbestand, z. B. der Einfuhr einer bestimmten Warenart, die gleiche Rechtsfolge, d. h. die gleiche Zollermäßigung, welche der meistbegünstigten Nation gewährt wurde. Der Anspruch auf die handelspolitische Vergünstigung setzt also voraus, daß ein im wesentlichen ähnlicher Tatbestand vorliegt.

Es sind daher bei der Prüfung des Meistbegünstigungsanspruchs zunächst die wesentlichen Merkmale des begünstigten Tatbestandes, auf welchen der berechtigte Staat sich beruft, festzustellen und daraufhin beide Tatbestände miteinander zu vergleichen. Diese Operation ist meist sehr einfach. Bei komplizierten oder verschleierten Tatbeständen ergeben sich jedoch, wie zu zeigen sein wird, Schwierigkeiten, die für die Praxis von großer Bedeutung geworden sind. In der Klausel selbst wird das Problem nur gelegentlich angedeutet. Vgl. z. B. *den Freundschafts-, Handels- und Schiffahrts-Vertrag zwischen Preußen bzw. den übrigen Staaten des Deutschen Zollvereins und der Republik Chile vom 1. Febr. 1862* (Preuß. GS. 1863, S. 761):

> Art. 6: „Die Staaten des Zollvereins und der Republik Chile kommen dahin überein, daß jede Begünstigung ..., welche einer von ihnen den Untertanen irgendeines anderen Staates bereits zugestanden hat oder künftig zugestehen möchte ..., *bei Gleichheit des Falles und der Umstände auf die Untertanen des andern Teiles ausgedehnt werden soll* ..."

Im übrigen wird häufig vereinbart, daß die Vergünstigungen des dritten Staates auf die „gleichen oder ähnlichen" Erzeugnisse des berechtigten Staates entsprechend Anwendung finden sollen[1].

Daß nicht ohne weiteres jede Vergünstigung, die einem dritten Staate zuteil wurde, vom berechtigten Staate beansprucht werden kann, sondern daß die Bedingungen, unter denen sie erteilt wurde, zu berücksichtigen sind, zeigen die folgenden Beispiele: In einigen Staaten wird für den Grundstückserwerb durch Ausländer außer dem zivilrechtlichen Erwerbstatbestand noch die behördliche Genehmigung zur besonderen Voraussetzung gemacht. Der berechtigte Staat kann in solchen Fällen aus der Tatsache, daß Angehörige einer dritten Nation, denen die Genehmigung erteilt wurde, faktisch Grundstücke erwarben, noch keine Meistbegünstigungsansprüche herleiten; denn auch sie erwarben die Grundstücke nur nach Erfüllung der erforderlichen Voraussetzungen, nämlich der Beibringung der Genehmigung. Ebenso ist, wenn der Schutz des gewerblichen Eigentums Ausländern nur unter der Bedin-

---

[1] Comité Économique, Rapport vom 23. Jan. 1929, S. 10.

gung gewährt wird, daß ihre Hauptniederlassung im Inland liegt, der Meistbegünstigungsanspruch nur dann gegeben, wenn diese Voraussetzung erfüllt ist[1]. — Es bilden diese Voraussetzungen einen Bestandteil des Behandlungspinzips, welches der dritte Staat genießt, und deren Nichtbeachtung zu einer Privilegierung des berechtigten Staates führen würde. —

Daß allerdings eine Gegenleistung des dritten Staates — z. B. die Verbürgung der Gegenseitigkeit — selbst, wenn sie ein wesentliches Motiv für die Begünstigung des dritten Staates war, nicht zu berücksichtigen ist, wurde bereits oben S. 14ff. erörtert. Es folgt dies aus der Unbedingtheit der Meistbegünstigungsklausel.

2. Die Vorzugsbehandlung des dritten Staates kann unter Umständen so weitgehend in den individuellen Beziehungen zwischen dem dritten und dem verpflichteten Staate begründet sein, daß sie eine Verallgemeinerung nicht duldet, da der berechtigte Staat die auf den dritten Staat zugeschnittene Bedingung der Privilegierung nicht setzen kann. In dieser Weise — unmittelbar auf die individuellen Verhältnisse zugeschnitten — ist z. B. das für ein Grenzverkehrsabkommen allerdings nicht typische Abkommen zwischen dem Deutschen Reich und der Tschechoslowakischen Republik über die Erleichterungen des kleinen Grenzverkehrs zwischen dem Gebiete *des Deutschen Reiches und dem durch den Versailler Vertrag an die tschechoslowakische Republik übergegangene Gebiet vom 6. März 1925*, RGBl. II, 1925, S. 103.

> Art. 4. „Der Durchgangsverkehr auf der Kunststraße Schammerwitz—Zauditz—Steuerwitz—Schreibersdorf ist für die Bewohner von Rößnitz, Rohow, Schreibersdorf, Steuberwitz und Zauditz vorbehaltlich der Bestimmungen des Art. 5, 7 und 11 ungehindert und frei von Abgaben und Gebühren jeder Art . . .
>
> Art. 6: Die Bewohner von Steuberwitz dürfen den Markt in Katscher und die Bewohner von Thröm dürfen den Markt in Troppau auf dem Verbindungswege Steuberwitz—Thröm besuchen . . .
>
> Art. 8: Der zwischen den Grenzsteinen Nr. 33 bis Nr. 36 auf tschechoslowakischem Gebiete liegende Weg südwestlich von Owschütz darf deutscherseits und der zwischen den Grenzsteinen Nr. 155 bis Nr. 159 auf deutschem Gebiet liegende Weg südöstlich des Rößnitzer Busches darf tschecho-slowakischerseits von den Besitzern der anstoßenden Grundstücke, sowie von ihren Angehörigen und Arbeitern zu Fuß, zu Pferde, zu Rad oder zu Wagen unter den für den Grenzverkehr außerhalb der Zollstraßen bestehenden Bestimmungen benutzt werden.

---

[1] Vgl. Fuld: a. a. O. S. 361.

Art. 9: Für Arbeiter, die sich aus einem der in Artikel 1 bezeichneten Gebiete regelmäßig zur Arbeit in das andere Gebiet oder durch dieses in das Gebiet eines dritten Staates begeben, werden besondere Paßerleichterungen für den Grenzübertritt gewährt werden . . .

Art. 10: Die Verwaltung des Kuchelnaer Forstes darf aus dem südwestlich von Owschütz gelegenen Teile des Waldgeländes, das durch die Grenzziehung von der Gemarkung Owschütz abgetrennt und der tschechoslowakischen Republik zugeteilt worden ist, den normalen Ertrag von Holz frei von Ausfuhrgebühren aus dem Gebiete der tschechoslowakischen Republik ausführen . . .“

Anders sind m. E. die typischen Abkommen über den kleinen Grenzverkehr zu beurteilen, die mehr oder minder alle einem Schema entsprechen. Vgl. z. B. das *Abkommen zwischen dem Deutschen Reich und Polen über die Erleichterungen im kleinen Grenzverkehr vom 23. Juli 1925*, RGBl. II, 1925, S. 661.

I. „Persönliche Erleichterungen.

Art. 1, Abs. 1: Personen, die innerhalb der Grenzkreise nicht mehr als zehn Kilometer von der deutsch-polnischen Grenze entfernt wohnen und sich dort länger als drei Monate aufhalten, können auf Grund von Grenzausweisen nach Maßgabe der folgenden Artikel die Grenze überschreiten und sich jenseits der Grenze aufhalten.

Art. 8, Abs. 1: Eigentümer von Grundstücken, ihre Familienangehörigen sowie die in ihrer Wirtschaft tätigen Personen erhalten vorbehaltlich der Bestimmungen des Artikels 9 Wirtschaftsausweise, wenn ihr Grundstück oder mehrere ihnen gehörige, eine wirtschaftliche Einheit bildende Grundstücke durch die Grenze durchschnitten werden . . .

II. Sachliche Erleichterungen.

Art. 17, Abs. 1: Eigentümern und sonstigen Nutzungsberechtigten von land- oder forstwirtschaftlich benutzten Grundstücken im Zollgrenzbezirk eines der beiden vertragschließenden Teile, deren Wohnungen oder Betriebsstätten durch die Grenze von den dazu gehörigen Nutzflächen getrennt sind, steht, insoweit ihr Besitz eine wirtschaftliche Einheit bildet, das Recht zu:

a) über die Grenze zollfrei die der ordnungsgemäßen Bewirtschaftung ihrer Grundstücke dienenden Gegenstände zu befördern, und zwar . . .

b) . . . .

Art. 18: Die Bewohner des Zollgrenzbezirks dürfen auf das jenseits gelegene Gebiet zollfrei Mundvorrat für einen Tag im Höchstgewicht von einem Kilo mit sich führen.

Art. 19: Gegenstände des eigenen Bedarfs der Bewohner eines Zollgrenzbezirkes, die im gegenüberliegenden Zollgrenzbezirk handwerksmäßig verarbeitet, umgearbeitet oder ausgebessert werden sollen, dürfen zu diesem Zwecke frei von Zöllen und sonstigen Abgaben aus- und nach erfolgter Verarbeitung wieder eingeführt werden . . .

Art. 20: Handwerker und Gewerbetreibende, die in dem einen Staate innerhalb des Zollgrenzbezirks wohnen, sollen berechtigt sein, zur Ausübung ihres Berufs im andern Staate innerhalb des Zollgrenzbezirkes, bei der sie die dort geltenden Bestimmungen zu beachten haben, das erforderliche Handwerks- und Betriebsgerät zollfrei unter der Bedingung der Wiederausfuhr nach der Arbeit mit sich zu führen.

Art. 21, Abs. 1: Geistliche, Ärzte, Tierärzte und Hebammen sind berechtigt, die zur Ausübung ihres Berufes notwendigen Gegenstände und Instrumente zollfrei mit sich zu führen unter dem Vorbehalt, daß sie diese auf dem Rückweg wieder mitbringen . . .“

Daß abseits liegende Staaten auf Grund der Meistbegünstigungsklausel nicht diese dem Nachbarstaat zugesicherten Erleichterungen für sich in Anspruch nehmen können, steht außer Zweifel. Soweit aber die in dem Abkommen behandelten Verhältnisse des kleinen Grenzverkehrs grundsätzlich allen Nachbarstaaten gemeinsam sind, sollten diese — sofern ihnen die Meistbegünstigung zugesagt wurde — an sich auch an den Vergünstigungen teilhaben, die auf Grund des Abkommens einem Nachbarstaat gewährt werden.

Dieses Recht versagt ihnen jedoch die feststehende Praxis, die auch im Bericht des Wirtschaftskomitees[1] ausdrücklich gebilligt wird. Es heißt dort:

„. . . de toute façon il faut réconnaître que l'exception concernant le trafic frontalier est imposé non seulement par une longue tradition, *mais par la nature même des choses*, et qu'il est impossible *en raison des différentes situations de faits*, d'établir d'une manière précise l'étendue de la zone frontalière appelée à béneficier d'un régime spécial.“

In der Tat läßt sich für die herrschende Lehre anführen, daß der begünstigte Grenzstreifen des dritten Staates sich schwer schematisch auf das Grenzgebiet des berechtigten Staates projezieren läßt; denn es macht einen Unterschied, ob es sich um rein agrarisches Gebiet oder um ein industrialisiertes handelt, an dem vielleicht größere Städte teilhaben. Mir scheint dieser Gesichtspunkt allerdings nicht entscheidend ins Gewicht zu fallen, da in den Handelsverträgen der Grenzstreifen meist sehr schematisch auf 10 oder 15 km Breite festgesetzt wird.

---

[1] Comité Économique C. 20. M. 14. 1929 II S. 11.

Die Frage hat jedoch keine größere praktische Bedeutung, da in den meisten Meistbegünstigungsklauseln ein entsprechender Vorbehalt zugunsten des kleinen Grenzverkehrs enthalten ist. Vgl. den *Handelsvertrag zwischen dem Deutschen Reich und Frankreich vom 17. Aug. 1927*, RGBl. II, S. 523:

Art. 11a): „Die in den vorhergehenden Artikeln vorgesehene Meistbegünstigung erstreckt sich nicht auf die von einem der Hohen Vertragschließenden Teile angrenzenden Staaten gegenwärtig oder künftig gewährten Vergünstigungen zur Erleichterung des Grenzverkehrs in einer Ausdehnung von äußerstenfalls fünfzehn Kilometern beiderseits der Grenze."

In diesem Zusammenhang sei ferner auf die Vergünstigungen hingewiesen, die einem Staat zur Vermeidung der Doppelbesteuerung gewährt werden[1]. Diese Vergünstigungen sind dem Steuersystem des dritten Staates so individuell angepaßt, daß dieses Steuersystem als wesentliche Voraussetzung der günstigeren Behandlung des dritten Staates angesehen werden muß. Ihre Gewährung an den berechtigten Staat mit einem andersgearteten Steuersystem hätte nicht den bezweckten Erfolg der Vermeidung der Doppelbesteuerung und wäre somit sinnlos[2]. So findet sich der Vorbehalt der Doppelbesteuerung in zahlreichen Meistbegünstigungsklauseln. Vgl. den *Handels- und Schiffahrtsvertrag zwischen dem Deutschen Reich und Großbritannien vom 2. Dez. 1924*, RGBl. 1925, II, S. 777:

Artikel 4: „Die die Gewährung der Behandlung als meistbegünstigte Nation betreffenden Bestimmungen dieses Vertrages erstrecken sich nicht auf:

Ziff. 3: Begünstigungen, die einer der vertragschließenden Teile in Verträgen[3] über den Ausschluß der Doppelbesteuerung und gegen-

---

[1] Vgl. hierzu die Ausführungen und den Quellennachweis bei GUGGENHEIM: L'Imposition des successions en droit international et le problème de la double imposition, S. 70ff.

[2] DORN: Deutsche Juristenztg. 1924, S. 198. „Das Ineinandergreifen der Doppelbesteuerungsbestimmungen schafft eine eigenartige Gegenseitigkeit strengster Observanz, eine Abhängigkeit der Bestimmungen voneinander, die die Meistbegünstigungsklauseln unanwendbar machen." Dies deckt sich im Ergebnis mit dem oben Gesagten. Es ist jedoch nicht eigentlich das Prinzip der Gegenseitigkeit in den Doppelbesteuerungsverträgen, welches die Anwendung der Meistbegünstigungsklausel ausschließt. Das Steuersystem des dritten Staates ist die Voraussetzung bzw. der Rechtsgrund für die Rechtsfolge der Begünstigung. Dies bedeutet wohl eine logische Abhängigkeit, aber keine Gegenseitigkeit. Zudem würde die Durchführung des Äquivalentsprinzips zwischen Leistung und Gegenleistung beim Doppelbesteuerungsvertrag den unbedingten Meistbegünstigungsanspruch aus den (Seite 14f.) dargelegten Gründen nicht berühren.

[3] Daß die Begünstigung in Ausführung eines *Vertrages* gewährt wird, ist unwesentlich. Die obige immer wiederkehrende Fassung ist daher zu eng. Praktisch

seitigen Schutz in Steuersachen einem dritten Staate zugestanden hat oder gegebenenfalls später zugestehen wird."

Rechtlich erheblich ist der ausdrückliche Vorbehalt der Doppelbesteuerung in der Meistbegünstigungsklausel nicht.

3. Nun wird in der handelspolitischen Praxis häufig der Versuch gemacht, Meistbegünstigungsansprüche dadurch abzuschneiden, daß die Gewährung einer Vergünstigung von der Erfüllung solcher Bedingungen abhängig gemacht wird, die praktisch nur der dritte Staat, den man privilegieren will, erfüllen kann. In solchen Fällen wird durch die formelle Anwendung der für den meistbegünstigten Staat geltenden Behandlungsgrundsätze der aus der Meistbegünstigungsklausel fließenden Gleichbehandlungspflicht noch nicht immer genügt[1]. Auf diese Schwierigkeit wird auch in dem Bericht des Kodifikationskomitees (WICKERSHAM) hingewiesen[2]:

„De conditions collaterales ou inhérentes parfaitement légitimes, on glisse imperceptiblement à des réstrictions et définitions *qui violent indubitablement l'esprit de la clause et souvent même sa lettre.* De l'exemple que nous avons cité, les ‚huiles noires' — Öl russischer Herkunft im Gegensatz zu den ‚huiles jaunes' amerikanischer Herkunft — on arrive facilement aux ‚marchandises importées par chemins de fer' et au ‚sel en provenance d'un pays qui ne perçoit aucun droit sur cet article' ou aux droits sur les produits provenant de pays dont le tarif *douanier* est jugé déraisonnable par le président, de là, on peut passer avec une logique parfaite en theorie, ... aux droits sur les produits en provenance de pays dont la langue appartient au groupe des langues romanes ou aux monarchies dont les rois ont les yeux bleus".

Die Meistbegünstigungsklausel ist wohl zu unterscheiden von einer formellen Verweisungsnorm, deren rein technischer Zweck ist, eine Wiederholung der in Bezug genommenen Vorschriften zu ersparen. Beispielsweise sei auf § 1915 BGB. hingewiesen. Dort wird bezüglich der Rechtsstellung des Pflegers auf die für den Vormund geltenden Vorschriften verwiesen. Der Inhalt dieser Rechtsnorm erschöpft sich in den in Bezug genommenen Vorschriften. Die Gleichbehandlung von Pfleger und Vormund ist dagegen materiell ganz belanglos. Gerade umgekehrt ist die wirtschaftliche Funktion der Meistbegünstigungsklausel. Sie hat die Aufgabe, das Konkurrenzverhältnis des berechtigten Staates mit den „dritten" Staaten auf dem Boden der Gleichheit zu regeln, nicht aber dasjenige des berechtigten Staates mit dem verpflichteten Staate. Auf dem Gebiete des internationalen Warenverkehrs insbesondere liefert die Meistbegünstigungsklausel die Grundlage für das Konkurrenzver-

---

dürfte indessen der Mangel belanglos sein, da derartige Begünstigungen autonom kaum zugestanden werden.

[1] Comité Économique C. 20. M. 14. 1929 II S. 10.

[2] a. a. O. S. 9.

hältnis *des berechtigten Staates zu den dritten Staaten*, welche ebenfalls am Export in das Gebiet des verpflichteten Staates interessiert sind. Durch die Einfuhrzollsätze dagegen bestimmt der verpflichtete Staat das *Konkurrenzverhältnis seiner einheimischen Wirtschaft zu dem Export des berechtigten Staates*. Die absolute Höhe dieser Zollsätze des Einfuhrlandes ist aber für das Verhältnis der konkurrierenden Exportländer zueinander, auf welches sich die Meistbegünstigungsklausel bezieht, grundsätzlich bedeutungslos. Bei dem Meistbegünstigungsversprechen liegt demnach der Akzent auf der Zusicherung der Gleichbehandlung. Die Garantie der gleichen Konkurrenzbedingungen stellt an sich schon den handelspolitischen Vorteil der Meistbegünstigungsklausel dar. Die günstigeren Behandlungsgrundsätze, auf welche die Meistbegünstigungsklausel evtl. ein Anrecht gibt, sind sekundärer Natur, welche aus der Gleichbehandlung mit den übrigen Exportstaaten im allgemeinen folgen, aber nicht folgen müssen. Den Kern der Meistbegünstigung bildet demnach allein die „Gleichbehandlung" mit der meistbegünstigten Nation, die es dem verpflichteten Staate verbietet, in das Konkurrenzverhältnis des berechtigten zu den dritten Staaten durch handelspolitische Maßnahmen diskriminierend einzugreifen. Wenn daher diese Gleichbehandlung durch eine streng formelle Anwendung der für den meistbegünstigten Staat aufgestellten Behandlungsgrundsätze auf den berechtigten Staat noch nicht verwirklicht wird, weil schon in der Aufstellung dieser Grundsätze die Diskriminierung des berechtigten Staates liegt, so ist auch der Meistbegünstigungsklausel noch nicht genügt[1]. Die von dem verpflichteten Staate formell aufgestellten Behandlungsgrundsätze sind demnach — da die Meistbegünstigungsklausel nicht nur formell auf sie verweist — in jedem Falle daraufhin zu prüfen, ob sie tatsächlich eine Gleichbehandlung, d. h. gleiche Konkurrenz-

[1] Vgl. in diesem Zusammenhang LEIBHOLZ: Das Verbot der Willkür und des Ermessensmißbrauches im völkerrechtlichen Verkehr der Staaten i. Zeitschr. f. ausländisches öffentliches Recht u. Völkerrecht. Bd. I, Teil 1. 1929. S. 110: „Es ist der selbstverständliche, hier nicht näher zu begründende Sinn des Gleichheitssatzes, daß er materielles Unrecht verbietet, unabhängig davon, ob dieses Unrecht in die Form des Rechts gekleidet wird oder nicht." Zur näheren Begründung dieser Auffassung des Gleichheitssatzes, insbesondere im Hinblick auf Art. 109 Abs. 1 Weimarer RV. LEIBHOLZ: Die Gleichheit vor dem Gesetz, S. 72ff., 88ff. 1925, und Arch. d. öff. Rechts, N. F. Bd. 12, S. 1ff. 1927. Diese Auffassung, die zu einer Bindung aller Organgruppen des Staates, mit Einschluß der Gesetzgebung, durch den Gleichheitssatz führt, darf heute ebenso wie dies etwa in den Vereinigten Staaten und der Schweiz (z. B. BURCKHARDT: Kommentar zur Schweizer Bundesverfassung 1914^2 zu Art. 4) der Fall ist, auch in der deutschen Staatsrechtslehre als herrschend bezeichnet werden. Aus der Fülle der Literatur vgl. noch etwa TRIEPEL: Goldbilanzenverordnung u. Vorzugsaktien S. 264, 1924; E. KAUFMANN: Staatsrechtslehrervereinig. H. 3. S. 2ff. 1927; ALDAG: Die Gleichheit vor dem Gesetz S. 38f., 1925, jüngst auch noch RÜMELIN: Die Gleichheit vor dem Gesetz. a. a. O. 1928.

bedingungen, gewährleisten, und ob sie nicht gerade mit Rücksicht auf die Meistbegünstigungsklausel so gefaßt wurden, daß sie wegen eines hinzugefügten, äußerlichen Tatbestandselements auf den berechtigten Staat faktisch keine Anwendung finden. — Willkürliche Behandlungsgrundsätze, die eine handelspolitische Vergünstigung von äußerlichen, die Vergünstigung sachlich nicht rechtfertigenden Voraussetzungen abhängig machen, können nicht als Grundlage für den Meistbegünstigungsanspruch dienen.

Im Handelsvertrag zwischen Preußen und Brasilien vom 7. Juli 1827[1] *findet sich der folgende Zusatzartikel zu der Meistbegünstigungsklausel:*

> „Article additionel: L'intention bien sincère des Hautes Puissances contractantes étant, de donner toute la liberté possible au commerce par l'adoption d'un système de parfaite réciprocité, basée sur des principes équitables, on est convenu que tous les avantages de navigation et de commerce, qui sont ou seront concédés par une des Hautes Puissances contractantes à une ville, nation ou à un état quelconque à l'exception de la nation Portugaise seront de fait et de droit accordés aux sujets de l'autre *de la même manière que si ces concessions étaient insérées mot à mot dans le traité susmentionné,* en observant toutefois les conditions sous lesquelles ces avantages auraient été concédés."

Wenn hier die Meistbegünstigungsklausel als Verweisungssatz charakterisiert wurde, wollte man lediglich unterstreichen, daß weitgehendste gegenseitige Gleichbehandlung gelten solle. Damals, als die heute verbreiteten Umgehungen der Meistbegünstigungsklausel noch nicht üblich waren, wurde normalerweise auch durch eine wörtliche (mot à mot!) Anwendung der für den dritten Staat aufgestellten Behandlungsgrundsätze der berechtigte Staat gleich behandelt. Die zitierte Klausel läßt sich also nicht gegen die hier vertretene Auffassung anführen. Für unsere Auffassung aber sprechen eine Reihe moderner Handelsvertragsbestimmungen, auf die unter S. 46f. noch besonders eingegangen wird.

4. Voraussetzung für diese Auffassung der Gleichbehandlungspflicht ist allerdings die „pro-futuro"-Wirkung der Meistbegünstigungsklausel, d. h. daß der berechtigte Staat nicht nur zur Zeit des Vertragsschlusses, sondern für die Dauer des Vertrages dem jeweilig meistbegünstigten Staat gleichgestellt werden soll. Bei der Meistbegünstigungsklausel, die nur „pro praeterito" wirkt, würde sich die völkerrechtliche Bindung lediglich auf die beim Vertragsschluß der meistbegünstigten Nation zugestandene Behandlung erstrecken. Sie würde indes kein rechtliches Dauerverhältnis auf dem Boden der Gleichheit zwischen den Konkurrenzstaaten schaffen. Das durch den Vertragsschluß faktisch bewirkte

---

[1] v. Martens: Bd. 7, II, S. 470.

Gleichheitsverhältnis könnte sofort ohne Vertragsverletzung durch eine Privilegierung dritter Staaten gestört werden.

Die „pro-futuro"-Wirkung wird in den Handelsverträgen oft besonders hervorgehoben. Vgl. *Handelsvertrag zwischen dem Deutschen Reich und Schweden vom 14. Mai 1926*, RGBl. II, 1926, S. 383:

> Art. 13: ... „Ebenso soll jede *späterhin* einer dritten Macht zugestandene Begünstigung und Befreiung sofort bedingungslos und ohne weiteres dem anderen vertragschließenden Teile zustatten kommen."

In anderen Verträgen hat man von einer besonderen Erwähnung abgesehen. In Anbetracht der allgemeinen Inkonsequenz der Terminologie in den Handelsverträgen läßt sich daraus noch nicht schließen, daß die Meistbegünstigungsklausel nur „pro praeterito" wirken solle, wo die Wirkung „pro futuro" nicht ausdrücklich vereinbart worden ist[1]. — SCHWEINFURTH[2] will für die „pro-futuro"-Wirkung anführen, daß Verträge und somit auch Handelsverträge dazu bestimmt seien, ihre Wirkung in der Zukunft zu zeitigen. Das gelte auch von der Meistbegünstigungsklausel. Dem ist entgegenzuhalten, daß ja auch die Meistbegünstigung „pro praeterito" ihre Wirkung für die Zukunft hat, indem sie den Zustand der Zeit des Vertragsschlusses für die Dauer fixiert. Richtig ist jedoch, daß eine derartige Klausel die Gleichheit der Konkurrenzbedingungen nur für den Zeitpunkt des Vertragsschlusses gewährt. Der verpflichtete Staat kann unmittelbar nach Abschluß des Vertrages die Konkurrenz des berechtigten Staates erschweren, ohne sich einer Vertragsverletzung schuldig zu machen. Er gewährt die Meistbegünstigung, um sie im nächsten Augenblick wieder entziehen zu können.

M. E. genügt es, zugunsten der „pro-futuro"-Wirkung festzustellen, daß jedenfalls heute die Meistbegünstigungsklausel für die Dauer des Vertrages die Beziehungen der beteiligten Staaten zueinander auf dem Fuße der Gleichberechtigung regeln will. Diese Funktion verlangt aber, wie festgestellt, die „pro-futuro"-Wirkung, deren Ausschluß die Meistbegünstigungsklausel nicht nur beschränken, sondern qualitativ völlig verändern, nämlich in einen formellen Verweisungssatz verwandeln würde. Dies bedürfte einer besonderen Hervorhebung in der Meistbegünstigungsklausel[3].

---

[1] Vgl. z. B. HAUTEFEUILLE: Histoire du Droit maritime international t. VI. I. § 3, S. 300, ferner PRADIER FODÉRÉ: Traité de Droit international publique. IV, S. 394.

[2] SCHWEINFURTH: a. a. O. S. 35 Er müßte m. E. danach die Möglichkeit einer Meistbegünstigungsklausel pro praeterito überhaupt leugnen.

[3] So die Praxis. Vgl. ferner v. MELLE: Holtzendorffs Handbuch S. 204. VISSER: a. a. O. S. 83.

5. In der Literatur wird — im Gegensatz zu der hier entwickelten Auffassung — unter „Meistbegünstigung" im allgemeinen nur eine formelle Verweisung auf die für den dritten Staat geltenden Behandlungsgrundsätze verstanden. Diese Behandlungsgrundsätze werden wörtlich auf den berechtigten Staat angewandt, selbst wenn dies eine Diskriminierung bedeutet. — Zur Rechtfertigung der Anti-Dumping-Zölle jedoch wird der Meistbegünstigung vielfach ein materieller Inhalt beigemessen, der über eine formelle Verweisungsnorm hinausgeht. Wenn nämlich der berechtigte Staat bei seiner Ausfuhr Dumping treibt, z.B. Ausfuhrprämien gibt, soll der verpflichtete Staat trotz der Meistbegünstigungsklausel die Einfuhr des berechtigten Staates mit Zuschlagszöllen belegen dürfen, da erst durch die Zuschlagszölle die gleichen Konkurrenzbedingungen wieder hergestellt würden[1]. Man steht also auf dem an sich richtigen Standpunkte, daß es nicht auf die formelle, sondern auf die materielle Gleichbehandlung ankommt. Trotzdem scheint mir die Begründung verfehlt. Das Problem der Anti-Dumping-Zölle läßt sich nicht aus dem Prinzip der Meistbegünstigung heraus lösen. Die rechtliche Beurteilung muß nämlich die gleiche sein, ob es sich nun um Zuschläge zu Zöllen handelt, die durch Tarifverträge oder um solche, die durch Meistbegünstigungsverträge gebunden sind. Das Problem gehört also nicht eigentlich in den Rahmen dieser Arbeit.

6. Zu der Ablehnung der formellen Auslegung des Gleichbehandlungsversprechens muß man gelangen, wenn man den Begriff der Meistbegünstigungsklausel überhaupt einer juristischen Betrachtung unterwerfen will. Vom praktischen Standpunkt aus ist allerdings nicht zu verkennen, daß diese Auffassung nicht in jedem Falle eine so einfache, schematische Anwendung der Klausel gestattet, wie die hier abgelehnte. Gegen diese jedoch spricht das noch schwerer wiegende praktische Bedenken, daß die moderne Handelspolitik die Meistbegünstigungsklausel,

---

[1] Vgl. Basdevant: a. a. O. Nr. 22. Culbertson: International Economic Policies S. 73/76. —

Wickersham führt z. B. in dem bereits zitierten Bericht S. 10 aus, daß der Zuschlagszoll keine Diskriminierung, sondern eine Abwehrmaßregel gegen eine Diskriminierung sei. Dieses Argument ist wenig überzeugend. Durch die Zuschlagszölle wird der berechtigte Staat höheren Zöllen unterworfen als andere Staaten, d. h. er wird diskriminiert. Wenn Wickersham aber meint, die Diskriminierung sei durch das Dumping als Abwehrmaßregel gerechtfertigt, so ist das m. E. eine petitio principii. Die Frage ist gerade, ob diese Abwehrmaßregel gerechtfertigt ist. Daß nicht jede Abwehrmaßregel gegen unliebsame Einfuhr gestattet ist, bedarf keiner näheren Begründung. — Das Problem der Anti-Dumping-Zölle liegt m. E. auf einem anderen Gebiet. Der Dumping treibende Staat greift in das freie Spiel der Kräfte ein, welches die ursprüngliche Grundlage für den Abschluß der Handelsverträge war. Welchen Einfluß diese Verschiebung der Vertragsgrundlage auf die Handelsverträge hat, bedürfte einer eingehenden Prüfung, für die an dieser Stelle kein Raum ist.

unter Ausnutzung der formalistischen Auslegung, die sie erfahren hat, mehr und mehr entwertet. Sogar in dem Bericht des Wirtschaftskomitees hat man es für nötig gehalten, hervorzuheben, daß diese Umgehungen der Meistbegünstigungsklausel (ces discriminations!) „constituent parfois un moyen très précieux d'accorder aux produits d'un pays déterminé des réductions de droit ou des facilités douanières, qui ne seraient pas jugées possibles, si elles devraient s'appliquer à des catégories plus étendues de produits"[1]. M. E. kann man mit diesem Argument jede Diskrimination rechtfertigen. Jede individuelle Vorzugsbehandlung eines Staates, die an sich wirtschaftlich wünschenswert sein mag, stellt sich aber den übrigen Konkurrenzstaaten als Diskrimination und Bruch des Meistbegünstigungsversprechens dar. Man muß sich daher darüber klar sein, daß der von der Weltwirtschaftskonferenz propagierte Grundsatz einer möglichst weitgehenden Ausdehnung der Meistbegünstigungsklausel sich unmöglich mit den Vorteilen einer Preferenzbehandlung, d. h. mit der Diskrimination der übrigen Staaten vereinbaren läßt.

§ 9. Beispiele aus der handelspolitischen Praxis.

Im folgenden soll an einigen Beispielen gezeigt werden, wie in der handelspolitischen Praxis immer wieder der Versuch gemacht wird, das gegebene Meistbegünstigungsversprechen scheinbar ohne Verletzung der formellen Verpflichtung wirtschaftlich zu entwerten. Es handelt sich dabei letzten Endes immer um die Aufstellung formeller Grundsätze, nach denen sämtliche Staaten behandelt werden sollen, die indes an solche Bedingungen geknüpft sind, welche praktisch nur der zu privilegierende Staat erfüllen kann. Es liegt auf der Hand, daß die Möglichkeiten hier zahllos sind. Die rechtlichen Gesichtspunkte sind jedoch für alle diese Fälle die gleichen. Im folgenden sollen daher nur an einigen besonders wichtigen Beispielen die oben aufgestellten allgemeinen Grundsätze erläutert werden.

1. Praktisch im Mittelpunkt des Problems steht die Frage, inwieweit der Meistbegünstigungsanspruch durch eine Spezialisierung des Zolltarifs beschränkt werden kann[2].

Die Ermäßigung einer Zollposition ist für den begünstigten und somit auch für den berechtigten Staat um so wertvoller, je mehr Waren-

---

[1] A. a. O., S. 10. — Vgl. ferner SCHMÖLDERS: Deutscher Volkswirt, 1927, H. 5: „Es ist ferner die Frage aufgetaucht, ob die Zolldifferenzierung wenn nicht dem Buchstaben, so doch dem Geiste nach den auf der Genfer Weltwirtschaftskonferenz gefaßten Beschlüssen zuwiderlaufen. In Anbetracht der immerhin zollsenkenden Wirkung wird man das verneinen müssen ....“

[2] Vgl. HARTMANN: Wandlungen des Begriffs der Meistbegünstigung. Auslandsrecht 1924. S. 377ff. Vgl. ferner SCHÜLLER: Meistbegünstigung und Vorzugsbehandlung in Schriften des Vereins für Sozialpolitik Bd. 155, S. 137. SCHUMACHER: Meistbegünstigung und Zollunterscheidung, ebenda S. 97f.

gattungen, an deren Ausfuhr er interessiert ist, diese Position umfaßt. Insofern ist es für den berechtigten Staat günstig, wenn der Zolltarif des verpflichteten Staates sich aus ganze Warengruppen umfassenden Positionen zusammensetzt. Ist umgekehrt der Zolltarif in der Weise spezialisiert, daß für jede besondere Warenart eine Position gebildet ist, so hat die Ermäßigung einer solchen Position für den berechtigten Staat einen entsprechend geringeren Wert. Es kann sogar sein, daß infolge der internationalen Arbeitsteilung in der Produktion der berechtigte Staat an der Ermäßigung einer Position überhaupt kein Interesse hat, während sie für den dritten Staat einen großen Gewinn bedeutet. So erklärt es sich, daß die Staaten, die durch Meistbegünstigungsversprechen gebunden sind, bestrebt sind, Ermäßigungen nur für solche Positionen zu geben, an denen möglichst wenig Staaten Anteil haben, bzw. die herabzusetzende Position in Form einer „Exposition" auf die besonderen Ausfuhrinteressen des dritten Staates zuzuschneiden[1]. In dieser Spezialisierung des Zolltarifs kann nicht schon deshalb eine Verletzung der Meistbegünstigungsklausel erblickt werden, weil für den dritten Staat besonders wichtige Zollpositionen ermäßigt werden, während diejenigen, an denen der berechtigte Staat interessiert ist, sich durch hohe Zollsätze auszeichnen. Gewiß kann auf diese Weise der berechtigte Staat hinsichtlich seiner Gesamtausfuhrinteressen im Vergleich zum dritten Staate schlechter behandelt werden. Wollte man aber den Vergleich der Gesamtausfuhrinteressen zur Bemessungsgrundlage des Meistbegünstigungsanspruchs wählen, so würde man ins Uferlose geraten. Die natürliche wirtschaftliche Ungleichheit der verschiedenen Staaten, welche es mit sich bringt, daß für sie der Handelsverkehr mit dem verpflichteten Staate von verschiedenem Werte ist, kann und soll durch die Meistbegünstigungsklausel in keiner Weise ausgeglichen werden (vgl. oben S. 13ff.). Aus ihr folgt auch nicht die Verpflichtung, diese Ungleichheiten nicht zu verschärfen. Der verpflichtete Staat bleibt in dieser Hinsicht völlig autonom und kann insoweit unbeschränkt sein Interesse wahrnehmen. — Es ist ihm jedoch verboten, die einzelnen Waren des berechtigten Staates zollpolitisch so zu behandeln, daß ihnen die Konkurrenz mit den gleichen Waren des dritten Staates er-

---

[1] MEINE: a. a. O., S. 80. Es stieg die Zahl der Tarifpositionen von 1914—24:

in	von	auf
Italien	472	953
Spanien	718	1540
Ungarn	657	974
Portugal	592	861
Schweiz	1164	1977
Ver. Staaten	657	1710
Belgien	70	1216

schwert wird. Dies kann aber auch durch eine willkürliche Spezialisierung des Zolltarifs geschehen.

Willkürlich ist die Spezialisierung dann, wenn Sondermerkmale einer Ware des dritten Staates zur Voraussetzung einer Zollermäßigung gemacht werden, obwohl sie diese Ermäßigung wirtschaftlich nicht rechtfertigen. Wenn z. B. zur Voraussetzung für eine zollbegünstigte Vieheinfuhr der Umstand gemacht wird, daß das Vieh sich während des Sommers auf Bergweiden in bestimmter Höhe befunden hat, so liegt darin unverkennbar eine Erschwerung der Konkurrenzbedingungen für die gleichartige Vieheinfuhr solcher Länder, in denen es Bergweiden in der geforderten Höhe gar nicht gibt.

Rußland bildete vor dem Kriege zugunsten Österreich-Ungarns aus der Tarifposition „Mineralwasser" eine Exposition „Karlsbader Mineralwasser"[1] und schloß die Mineralwassereinfuhr der übrigen berechtigten Länder von dieser Vergünstigung aus. Auch in diesem Falle liegt eine Verletzung der Meistbegünstigung vor, allerdings nur bezüglich der Mineralwasserarten, welche tatsächlich mit dem „Karlsbader" konkurrieren. Die anderen Arten werden durch eine Herabsetzung des Zolles für „Karlsbader" gar nicht betroffen. Immer kommt es für die Beurteilung derartiger Fälle darauf an, ob die Exposition wirtschaftlich begründet ist oder ob sie dazu dient, Meistbegünstigungsansprüche abzuschneiden[2].

Es steht also nicht im Belieben des verpflichteten Staates, durch Zollpositionen und Expositionen festzusetzen, welche Waren „gleiche" (identique, semblable) sind und somit von ihm gleichbehandelt werden müssen, sondern er ist dabei an einen objektiven Vergleichsmaßstab gebunden. Vom Standpunkt der Zollbehandlung sind Waren dann gleich, wenn die sie unterscheidenden Sondermerkmale wirtschaftlich keine unterschiedliche Zollbehandlung rechtfertigen. Es beurteilt sich dies nach dem System des Zolltarifs, insbesondere nach den Prinzipien, welche der Staffelung der Zollsätze in dem betreffenden Abschnitte

---

[1] Wenn der Ursprung einer Ware für sie keine sachliche Charakterisierung bedeutet, kann er selbstverständlich im Zolltarif nicht mit Wirkung gegenüber dem berechtigten Staate zur Voraussetzung einer Ermäßigung gemacht werden. Eine Exposition z. B. für „Vieh, das aus österreichischen Gebieten eingeht", können berechtigte Staaten daher auch ohne weiteres für ihre Vieheinfuhr beanspruchen. Einwandfrei sind dagegen wohl die Expositionen für „Dessertweine von Xeres, Malaga, Tarragona usw."; Edamer Käse, Marseiller Seife (aus Olivenöl!)

[2] Eine Reihe weiterer Beispiele derartiger Umgehungen der Meistbegünstigungsklausel, die jedoch rechtlich nicht anders als die bereits erwähnten Fälle zu beurteilen sind, führt Meine a. a. O. S. 77ff. an. Er meint, daß sie zwar eine Beschränkung der Meistbegünstigungsklausel, jedoch „unter voller Aufrechterhaltung ihres rechtlichen Begriffes" sei. Dieser Standpunkt folgt aus der hier abgelehnten allzu formalistischen Auffassung der Meistbegünstigung.

des Zolltarifs zugrunde liegen. Stuft sich z. B. bei den Garnarten der Zollsatz entsprechend dem Preise der einzelnen Garnnummern, so wird man die Durchbrechung dieses Grundsatzes für gewisse Garnnummern, die sich faktisch als Privilegierung eines bestimmten Landes auswirkt, mangels einer anderen sachlichen Begründung als ungerechtfertigt ansehen müssen. — Wenn auch einzelne Fälle zweifelhaft liegen mögen, so wird sich doch meist erkennen lassen, ob eine Exposition sachlich motiviert ist oder nur mit Rücksicht auf die bestehenden Meistbegünstigungsverpflichtungen geschaffen wurde. Diese Auffassung wird bestätigt durch die Bestimmungen, die sich in einigen Zolltarifgesetzen finden, daß nämlich im Tarif nicht genannte Waren ihrer Natur nach entsprechenden Positionen zuzuteilen sind. (Vgl. das Bundesgesetz zum schweizerischen Zolltarif vom 10. Okt. 1902, Art. 2.) Der Gesetzgeber geht also davon aus, daß sich aus der Systematik des Tarifs grundsätzlich die zollpolitische Behandlung auch der nicht genannten Waren ablesen läßt. In der Schweiz sind die für den Aufbau des Zolltarifs leitenden Grundsätze in großen Zügen sogar verfassungsmäßig festgelegt. Vgl. *Schweizerische Bundesverfassung:*

Art. 29: „Bei Erhebung der Zölle sollen folgende Grundsätze beachtet werden:

1. Eingangsgebühren:

a) die für die inländische Industrie und Landwirtschaft erforderlichen Stoffe sind im Zolltarif möglichst gering zu taxieren,

b) ebenso die zum nötigen Lebensbedarf erforderlichen Gegenstände,

c) die Gegenstände des Luxus unterliegen den höchsten Taxen.

Die Grundsätze sind, wenn nicht zwingende Gründe entgegenstehen, auch bei Abschließung von Handelsverträgen mit dem Auslande zu befolgen."

Der französische Zolltarif vom Jahre 1852 wurde durch die Tarifrevision des Jahres 1910 stark spezialisiert. Charakteristisch ist die Kritik, die FARRA[1] an diesem neuen Tarif übt:

«Comme on le voit, la nouvelle tarification française sera bien supérieure à l'ancienne. Les nouvelles industries seront prévues — — — Cette réforme était nécessaire. Mais sera-t-elle suffisante? La France à réalisé des spécialisations en augmentant les positions de son tarif, mais ces spécialisations visent elles bien telles ou telles concurrences étrangères? Dans le nouveau tarif français la nomenclature est plus scientifique. Mais tel n'est pas le but exclusif des spécialisations ailleurs et particulièrement en Allemagne. Ces spécialisations ont, en effet, prin-

[1] FARRA: Les effets de la clause de la nation la plus favorisée et la spécialisation des tarifs douaniers, Paris 1910, S. 193.

cipalement pour but d'empêcher la clause de la nation la plus favorisée de jouer. Les spécialisations françaises n'obtiendront pas ce résultat.»

Es ist zu erwarten, daß durch die beabsichtigte internationale Vereinheitlichung der Zollnomenklatur allzu willkürlichen Tarifspezialisierungen ein Riegel vorgeschoben wird. Die Unterteilung der Haupttarifpositionen soll künftighin nur in Form bestimmt zugelassener Zusatzpositionen erfolgen dürfen, die von industriell minder entwickelten Staaten zwar vermindert, von keinem Staat aber vermehrt werden dürfen. Man wird dadurch offenbar willkürliche Tarifspezialisierungen verhindern können.

2. Zuweilen wird die Herkunft einer Ware in der Weise zur Voraussetzung einer Zollermäßigung gemacht, daß nur die Waren, die an bestimmten Zollstationen die Grenze überschreiten, bevorzugt werden. Die Zollstationen sind dann so ausgewählt, daß nur die Einfuhr eines bestimmten Landes profitiert. Vgl. *Zusatzabkommen zu dem Handelsabkommen zwischen Frankreich und der Belgisch-Luxemburgischen Zoll-Union vom 24. Okt. 1924/4. April 1925*:

> Art. 4, Abs. 3: „Kalk und Zement, die den Gegenstand des gegenwärtigen Artikels bilden, sollen die ihnen zugestandene ausnahmsweise Behandlung nur genießen, wenn sie über die Zollämter von Mont-Saint-Martin (Bahnhof Roast), Longlaville, Hussigny, Redingen (Reclange), Deutsch-Oth (Audun-le Tiche), Oettingen (Ottange), Wolmeringen (Volmerange) usw. nach Frankreich eingeführt werden."

Daß in derartigen Fällen theoretisch sämtliche Länder über die bestimmten Zollstationen einführen könnten, ist nicht entscheidend. Tatsächlich erfährt ein Staat für seine Einfuhr auf dem normalen Wege eine Zollermäßigung. Der berechtigte Staat kann daher auf diese Tatsache abstellen, wenn — was im allgemeinen der Fall sein wird — das Passieren einer bestimmten Zollstation mit der Zollermäßigung in keinem inneren wirtschaftlichen Zusammenhange steht[1]. Es kann allerdings für die verschiedenen Gebiete, insbesondere eines weit ausgedehnten Einfuhrlandes, wie z. B. Rußland[2], ein verschiedenes Einfuhrinteresse bestehen, das eine partielle Zollermäßigung rechtfertigen würde. Aber auch in derartigen Fällen wäre es konsequenter, die Zollermäßigung vom Bestimmungsort der Warensendung abhängig zu machen, der von sämtlichen Zollstationen zu erreichen ist.

---

[1] Comité Economique C 20 M 14, 1929, II, S. 10. Sont à cet égard incompatible avec la clause ... réductions de droit de douanes pour un produit donné, à la condition que ce produit soit présenté à un bureau de douane déterminé.

[2] Vgl. Deutsch-Russischer Handelsvertrag vom 12. Okt. 1925. D. H. Archiv 1926, S. 282. Waren, die über Häfen an der Murmanküste bzw. des Stillen Ozeans und über die mandschurische Landgrenze eingehen, erfahren eine Sonderbehandlung.

Im übrigen wird die Einfuhr oft dann über bestimmte Zollstationen gelenkt, wenn die zollamtliche Untersuchung mit besonderen Schwierigkeiten verbunden ist, so daß sie nicht an jeder Zollstation vorgenommen werden kann. Gegen eine derartige Maßnahme läßt sich selbstverständlich nichts einwenden. Vgl. z. B. deutsches Zolltarifgesetz vom 25. Dez. 1902/17. Aug. 1925.

> Art. 4: „Der Bundesrat ist ermächtigt, vorzuschreiben, daß Waren, deren zollamtliche Untersuchung mit besonderen Schwierigkeiten verbunden ist, nur bei bestimmten Zollstellen abgefertigt werden können."

3. Einen weiteren Versuch, die Wirkungen der Meistbegünstigungsklausel zu beschränken, bedeutet oft die Kontingentierung der zollermäßigten Wareneinfuhr. Der Staat, der von einer bestimmten Ware durchschnittlich nicht mehr als das die Zollermäßigung genießende Kontingent einführt, ist gegenüber dem berechtigten Staat, der größere Mengen einführt, bevorzugt[1]. Wenn der Umfang des Kontingents direkt an der Importziffer des dritten Staates orientiert wird, ist die Diskriminierung des berechtigten Staates evident. Die Tatsache, daß die Wareneinfuhr des dritten Staates faktisch eine quantitativ unbeschränkte Zollermäßigung erfährt, begründet den Anspruch des berechtigten Staates, die gleiche Behandlung für sich zu verlangen. Dieser Anspruch kann vom verpflichteten Staate nicht einfach dadurch beschränkt werden, daß er für die Zollermäßigung die Form des Kontingents wählt.

Man kann hiergegen nicht einwenden, daß der dritte Staat quantitativ nur im Rahmen seiner geringeren Einfuhr mit dem berechtigten Staate in Konkurrenz trete und daß insoweit durch die Kontingentierung dem berechtigten Staate gleiche Konkurrenzbedingungen garantiert seien. Wäre das richtig, so wäre jeder Meistbegünstigungsanspruch quantitativ auf die Einfuhr des dritten Staates beschränkt; denn die Meistbegünstigung gewährt lediglich gleiche Konkurrenzbedingungen. Die Kontingentierung kann m. E. über die Tatsache nicht hinwegtäuschen, daß ein Teil der Waren des berechtigten Staates schlechter behandelt wird als die gleichen Waren des dritten Staates. Dadurch wird dem dritten Staat sein Einfuhranteil gegenüber der Konkurrenz des berechtigten Staates sichergestellt. Ein Konkurrenzverhältnis aber besteht so lange, als der dritte Staat von dem Absatzmarkt durch den

[1] In einigen Handelsverträgen wird ausdrücklich darauf hingewiesen, daß der Meistbegünstigungsanspruch sich auch auf die Kontingente erstreckt. Vgl. z. B. den Handelsvertrag zwischen dem Deutschen Reich u. Spanien vom 7. Mai 1926. RGBl. II, 1926, S. 296, Art. 6: „Die Boden- und Gewerbeerzeugnisse deutschen Ursprungs und deutscher Herkunft genießen bei ihrer Einfuhr in Deutschland bzw. in Spanien die Meistbegünstigung sowohl hinsichtlich der Zollkontingente sowie der Zollförmlichkeiten." — Erforderlich ist dieser besondere Hinweis m. E. nicht.

berechtigten Staat noch nicht verdrängt ist, und der Export des berechtigten Staates mit Rücksicht auf seine Produktionsverhältnisse und dergleichen noch steigerungsfähig ist.

In der absoluten Bezifferung des Kontingents liegt also schon die Diskriminierung. Eine „Gleichbehandlung" wäre demnach nur dann gewährleistet, wenn das einem Staate eingeräumte Kontingent nach dessen jeweiligem Anteil an der Gesamteinfuhr der betreffenden Warenart bemessen würde. Da dieser Anteil nicht konstant ist, wäre er laufend auf Grund der Außenhandelsstatistik festzusetzen. Daß dies in der Praxis Unbequemlichkeiten mit sich bringt, kann an der Rechtslage nichts ändern.

4. Das Versprechen der meistbegünstigten Zollbehandlung ist praktisch wertlos, wenn die Ware im Gebiete des verpflichteten Staates auf dem Wege bis zum Bestimmungsort bei den Eisenbahnen höher tarifiert wird als die gleichen Waren eines anderen Staates. Ebenso wird der Vorteil einer auf Grund der Meistbegünstigungsklausel erfolgten Zollherabsetzung wieder aufgehoben, wenn der verpflichtete Staat die ausländische Ware mit einer inneren Sonderabgabe belegt. Selbstverständlich kann der berechtigte Staat sich gegenüber solchen Maßnahmen des „administrativen Protektionismus"[1] auf die Meistbegünstigungsklausel nur berufen, wenn sie sich unmittelbar auch auf die weitere Behandlung im Gebiete des verpflichteten Staates bezieht, was allerdings meist der Fall ist. Auch auf diesem Gebiet begegnet man wie bei der Zollbehandlung denselben Versuchen der einzelnen Staaten, sich der Meistbegünstigungsverpflichtung durch eine formelle Gleichbehandlung, aber materielle Diskriminierung des berechtigten Staates zu entziehen. Für gewisse von der Grenze des begünstigten Staates ausgehende Eisenbahnstrecken werden z. B. häufig niedrigere Frachttarife festgesetzt und so der berechtigte Staat diskriminiert. Rechtlich bieten diese Fälle jedoch nichts Neues.

5. Die hier vertretene Auffassung, daß die Meistbegünstigungsklausel nicht zur formellen Anwendung der vom verpflichteten Staate aufgestellten Behandlungsgrundsätze auf den berechtigten Staat, sondern zur Aufstellung von Behandlungsgrundsätzen verpflichtet, durch welche die Konkurrenzbedingungen für den berechtigten Staat nicht erschwert werden, führt zu Ergebnissen, die sich mit der gegenwärtigen handelspolitischen Praxis nicht immer vertragen. Auch läßt sich nicht

---

[1] Die Internationale Handelskammer versteht hierunter „toutes les mesures qui ont directement ou indirectement pour but d'entraver abusivement l'importation des marchandises étrangères ou de les exclure". — Vgl. La Chambre et le Développement de la Politique de la Conférence Economique Internationale, Memorandum présenté au Comité consultatif de l'Organisation économique de la Délégation de la Chambre de Commerce Internationale, April 1928.

leugnen, daß nach der hier dargelegten Auffassung dem berechtigten Staat unter Umständen mehr gegeben wird, als er beim Vertragsschluß erwartete bzw. als ihm der verpflichtete Staat zugestehen wollte. Im Schlußprotokoll zu Art. 2 des *Handelsvertrags zwischen dem Deutschen Reich und Italien vom 31. Okt. 1925*, RGBl. 1925, S. 1021ff., wurde so z. B. vereinbart:

„Es besteht Einverständnis, daß Zollvergünstigungen, die ein vertragschließender Teil einem dritten Lande in der Form von mengenmäßig begrenzten Zugeständnissen eingeräumt hat oder künftig einräumen wird, von dem anderen Teil *in denselben Grenzen und zu denselben Bedingungen* in Anspruch genommen werden können, denen das Zugeständnis gegenüber dem dritten Lande unterliegt."

Bei dieser Vereinbarung ist jedenfalls unter „denselben Grenzen" die absolute und nicht die anteilmäßig bestimmte Kontingentsziffer verstanden worden. Der Einwand liegt nahe, daß die Auslegung einer derartigen Klausel im Sinne der anteilsmäßig bestimmten Kontingentsziffer die Souveränität des Parteiwillens beim Vertragsschluß übersieht. — Ich sehe hierin keine ernstlichen Bedenken. Der Parteiwille geht beim Abschluß eines Meistbegünstigungsvertrages auf Sicherung der Gleichbehandlung hinsichtlich der Konkurrenzbedingungen. Die Vorstellungen aber, die sich die Parteien über die aus diesem Prinzip ergebenden Rechtsfolgen machen, sind für die rechtliche Beurteilung des Vertrages belanglos. — Es ist im übrigen sehr bemerkenswert, daß in den Handelsverträgen verschiedentlich der Versuch gemacht wurde, durch die Meistbegünstigungsklausel erläuternde Sonderabreden den verpflichteten Staat an der Aufstellung formell einwandfreier, aber materiell diskriminierender Behandlungsgrundsätze zu hindern.

In dem alten Handelsvertrag zwischen dem Deutschen Reich und Belgien vom 22. Juni 1904 wurde für belgische Pferderassen eine Zollreduktion gewährt[1]. Die Exposition wurde gebildet aus Tarifposition Nr. 100 für:

[1] Daß diese Spezialisation nicht sachlich begründet war, beweist die Tatsache, daß Österreich-Ungarn im H.-V. vom 25. Jan. 1905 die gleiche Zollreduktion für Pferde norischer Rasse zugestanden wurde.

[2] Dieses Zertifikat hat praktisch den Charakter eines Ursprungszeugnisses. Das Meistbegünstigungsversprechen besagt aber gerade, daß die Zollbehandlung nicht durch den Ursprung der Ware bestimmt werden soll. Es soll vielmehr fingiert werden, daß die Waren des berechtigten Staates Waren der meistbegünstigten Nation seien. Von dem berechtigten Staat kann daher die Beibringung eines derartigen Zertifikates nicht verlangt werden. „.. incompatible avec la clause le fait qu'un pays, ayant accordé.. une réduction de droit de douane.. à la condition que ce produit soit accompagné d'un certificat d'analyse délivré *par un organisme donné appartenent au pays auquel la concession a été faite, refuse la même concession* à un Etat tiers parce que celui-ci ne peut présenter le certificat de l'organisme indiqué dans le traité, bien que d'autres organismes, également qualifiés, pourraient délivrer des certificats de ce genre." Comité Economique C. 20, M. 14.

„Pferde der als Vlamländer, Brabanter und Ardenner bezeichneten Schläge usw. für 1 Stück 50 M.

Die zu den ermäßigten Zollsätzen zugelassenen Pferde müssen ausschließlich dem reinen Flamländer, Brabanter oder Ardenner Schlage oder der Kreuzung dieser Schläge untereinander angehören. Um die ermäßigten Zollsätze zu genießen, müssen die Einbringer für jedes Pferd ein Zeugnis[1] eines belgischen Staatsbeamten beibringen, aus dem erhellt, daß das Tier ausschließlich dem reinen Flamländer, Brabanter oder Ardenner Schlage oder der Kreuzung dieser Schläge untereinander angehört."

Um zu verhindern, daß auf demselben Wege der Spezialisation die Pferderassen einer anderen Nation privilegiert würden, ist jetzt in dem Schlußprotokoll zu Art. 5 Abs. 2 des *Handelsvertrags zwischen dem Deutschen Reich und der Belgisch-Luxemburgischen Wirtschaftsunion vom 4. April 1925*, RGBl. II, 1925, S. 883 folgende Klausel aufgenommen:

„Falls Deutschland für andere Pferdeschläge weitergehende Zollermäßigungen zugestehen sollte, werden diese für die Dauer ihrer Geltung und unter den gleichen Voraussetzungen auch für die Pferde belgischen oder luxemburgischen Ursprungs Anwendung finden, die den als Flamländer, Brabanter und Ardenner bezeichneten Schlägen angehören."

Vgl. *ferner Handels- und Schiffahrtsvertrag zwischen dem Deutschen Reich und Großbritannien vom 2. Dez. 1924*, RGBl. II, 1925, S. 777:

Art. 18 Abs. 3: „Die beiden vertragschließenden Teile kommen ferner überein, *alle unlauteren Unterscheidungen hinsichtlich der Erleichte rungen für den internen* Eisenbahnverkehr und hinsichtlich der Sätze und Bedingungen ihrer Anwendung zu unterlassen, soweit sich solche gegen die Güter, Staatsangehörige oder Schiffe des andern richten." Vgl. ferner das *Protokoll zu dem genannten Vertrage*:

Ziff. 2: „Innerhalb der durch diese Abmachungen gezogenen Grenzen verpflichtet sich jede Partei, keine Zölle oder Abgaben *aufzuerlegen*, wieder aufzuerlegen oder beizubehalten, die für den anderen Teil besonders abträglich sind.

Weiterhin verpflichtet sich jeder der beiden Teile, bei *Abänderung ihres bestehenden Zolltarifs und bei Festsetzung künftiger Zollsätze, soweit sie die Interessen der anderen Partei besonders berühren, gebührende Rücksicht zu nehmen* auf die Gegenseitigkeit und auf die Entwicklung des Handels der beiden Länder unter angemessenen und billigen Bedingungen . . ."

Von besonderem Interesse ist endlich *Artikel 19 des Entwurfs zu einem Abkommen über die Behandlung der Ausländer*[2].

---

[1] s. S. 46, Anmerkung 2.

[2] S. d. N.; C. 174. M. 53. 1928, II.

Art. 19: 1. „Les Hautes Parties contractantes s'interdisent d'établir aucune discrimination qui aurait un caractère de malveillance à l'égard des ressortissants de certaines Hautes Parties contractantes dans l'usage qu'elles feront de la faculté qui leur est reconnue, dans la présente convention, d'exclure les étrangers de l'exercice de certains droits ou de soumettre l'exercice de ces droits à des conditions ou des modalités particulières.

2. Lorsque la présente Convention assure aux étrangers le bénéfice des dispositions applicables aux nationaux les Hautes Parties contractantes *s'interdisent d'établir ces dispositions de manière qu'elles impliquent des conditions telles que leurs application aboutisse à une exclusion pure et simple des étrangers* ou conduise à un régime différentiel au détriment des étrangers."

Diese Klauseln beweisen, daß man dem Parteiwillen durch die hier vertretene Auslegung der Meistbegünstigungsklausel keine Gewalt antut, sondern daß vielmehr ein praktisches Bedürfnis für die Weiterbildung des juristischen Meistbegünstigungsbegriffes im Sinne der obigen Ausführungen besteht.

V. Besonderheiten der bedingten Meistbegünstigungsklausel (Reziprozitätsklausel)[1].

§ 10. Generelle Behandlung und Sondervorteile.

Eine Reihe rechtlicher Besonderheiten gelten für die bedingte Meistbegünstigungsklausel. Vgl. den *Handels- und Freundschaftsvertrag zwischen den Vereinigten Staaten und Dänemark vom 26. April 1826*[2]:

Art. 1: „The contracting parties, desiring to live in peace and harmony with all the other nations of the earth, by means of the policy frank and equally friendly with all, engage mutually, not to grant any particular favour to the other nations, in respect of commerce and navigation, which shall not immediatly become common to the other party, who shall enjoy the same freely, if the concession were freely made, or on allowing the same compensation if the concession were conditional."

In Form eines mehrseitigen Vertrages findet sich die bedingte *Meistbegünstigungsklausel in dem Vertrag zwischen Ecuador, Bolivien, Peru,*

[1] Kapitel V behandelt nur den rechtlichen Aufbau der bedingten Meistbegünstigungsklausel. Die Frage, ob die Meistbegünstigungsklausel grundsätzlich bedingt oder unbedingt auszulegen ist, wurde in § 4 behandelt. Da dort die grundsätzliche Geltung der unbedingten Meistbegünstigungsklausel vertreten wurde, ist also in diesem Kapitel von den Fällen die Rede, in denen die bedingte Meistbegünstigungsklausel (Reziprozitätsklausel) ausdrücklich vereinbart wurde.

[2] Vgl. bei MARTENS, Recueil, 1. Serie, Bd. 6, 2. Teil, S. 919.

Columbia und Venezuela[1] *betreffend die Handelsbeziehungen zwischen den genannten Staaten v. 18. Juli 1911:*

Art. 1: „Los estados signatarios se obligan a concederse cualquiera ventaja comercial o reduccion de derechos que otorguen a uno de ellos, siempre que se les den compensaciones semejantes o iguales a las que reciben del Estado a quienes se ha hecho la concesión. En cada caso se llegará a un arreglo amistoso y equitativo para ambos, de manera que las ventajas queden satisfactoriamente compensadas."

Auch die bedingte Meistbegünstigungsklausel enthält das Versprechen, den berechtigten Staat der meistbegünstigten Nation gleichzustellen. Sie will jedoch die der unbedingten Meistbegünstigungsklausel eigentümliche Wirkung ausschließen, daß Sondervorteile, die dritten Nationen gegen ein entsprechendes Zugeständnis gewährt wurden, dem berechtigten Staat unentgeltlich in den Schoß fallen[2]. — Das Versprechen der bedingten Meistbegünstigungsklausel gliedert sich daher in zwei Teile. Die Grundlage bildet die sogenannte „negative" Klausel, die nur gegen eine nachteilige Sonderbehandlung Schutz gewährt. Sie wird meist ergänzt durch die positive Klausel, die den An-

[1] Tratados Vigentes, Bolivia 1925, S. 774; vgl. ferner hierzu die verwandte Klausel des Projet de Convention relatif au Traitement des Etrangers Art. 18 Ziff. 1 Abs. 2: „Ces conditions plus favorables pourront être réclamées sous l'engagement d'un traitement *réciproque* par toute Haute-Partie contractante qui ne jouissant pas, en vertu d'un accord bilatéral, de la clause de la nation la plus favorisée, ne pourvait, de ce fait, en réclamer le bénéfice gratuit." Das Entgelt ist also die Gewährung der Reziprozität und nicht schlechthin die Gegenleistung des dritten Staates.

[2] Der Grundsatz, daß Sondervorteile, die die meistbegünstigte Nation auf Grund einer gleichwertigen Gegenleistung erhielt, vom bedingt berechtigten Staat ebenfalls nur gegen ein Äquivalent beansprucht werden können, wird als „Reziprozitätsprinzip" und deshalb die bedingte Meistbegünstigungsklausel auch als „Reziprozitätsklausel" bezeichnet. Die United States Tariff Commission definiert die Reziprozitätsverträge wie folgt: „Where each of the parties to a treaty makes special concessions to the other with the intention, that the transactions shall be looked upon as particular bargain and with the understanding that its benefits are not to be extended automaticly, generally and freely to the other states, is called a reciprocity agreement." (Vgl. Hoffmann: Reziprozitätsklausel, Wörterbuch des Völkerrechts [Hatschek-Strupp].) — Diese Definition scheint mir zu eng zu sein. M. E. ist ein Reziprozitätsvertrag schon gegeben, wenn der der meistbegünstigten Nation eingeräumte Sondervorteil zu deren Zugeständnis im Verhältnis von Leistung und Gegenleistung steht. Eine Vereinbarung, daß der Sondervorteil keinem anderen Staate gewährt werden dürfe, ist nicht erforderlich. — Die Vereinigten Staaten verpflichteten allerdings Hawai im Handelsvertrag vom Jahre 1875 gewisse der Union eingeräumte Vorteile anderen Staaten nicht zuzugestehen. Dies bedeutete jedoch eine Ausnahme. Grundsätzlich hat der meistbegünstigte Staat diesen Anspruch auf Unterlassung nicht (vgl. Reciprocity Treaties, Senate Document a. a. O.).

spruch auf Sondervorteile allerdings nur gegen ein entsprechendes Äquivalent begründet.

Für das Fremdenrecht findet sich die negative Seite als selbständige Klausel im *Handelsvertrag zwischen dem Deutschen Reich und Frankreich vom 17. Aug. 1927*, RGBl. II, S. 523.

Zeichnungsprotokoll zu Art. 42, 43, 44.

Abs. 1: „Hinsichtlich der Zulassung der deutschen Staatsangehörigen in die französischen Kolonien ... wird die französische Regierung keine Maßnahmen treffen, welche die deutschen Staatsangehörigen *einer ihnen nachteiligen Sonderbehandlung aussetzen.*"

Hinsichtlich der Zollbehandlung bedeutet die negative Klausel den Anspruch auf den Generaltarif. Eine entsprechende Fassung der „negativen" Klausel enthält *der Handelsvertrag zwischen Preußen und Brasilien vom 9. Juli 1827*[1]:

Art. 8: „Tous les produits, marchandises et articles quelconques, qui sont de production manufacture et industrie des sujets et territoires d'une des Hautes Puissances contractantes, importés directement ou indirectement des Etats de cette puissance dans les Etats de l'autre, tant en navires Prussiens que Brésiliens, paieront généralement et uniquement les mêmes droits, que paient ou viendront à payer les sujets de la nation la plus favorisée, *comformément au tarif général* des douanes[2]."

Unter Generaltarif ist in derartigen Verträgen selbstverständlich kein fixierter Zolltarif, sondern der jeweilige Tarif zu verstehen, der grundsätzlich gilt, wenn keine Sonderbehandlung stattfindet. Herabsetzungen des Generaltarifs sind daher auch keine Konzessionen an dritte Staaten. Sie erfolgen vielmehr autonom im eigenen Interesse des betreffenden Staates und deshalb unentgeltlich, im Gegensatz zu den Sondervorteilen, die in Abweichung vom Generaltarif mit dritten Staaten für eine entsprechende Gegenleistung ausgetauscht werden. Es ist das Charakteristikum der bedingten Meistbegünstigungsklausel, daß derartige Sondervorteile vom berechtigten Staat — wie von dem dritten Staate — nur gegen ein entsprechendes Äquivalent beansprucht werden können. Der berechtigte Staat muß für Sondervorteile schlechthin eine Gegenleistung geben, auch wenn das Entgelt des meistbegünstigten Staates nicht gerade ein handelspolitisches war. Es ist deshalb bedenklich, auf

[1] v. MARTENS, 7, 2, S. 470.

[2] Vgl. Handelsvertrag zwischen Deutschem Reich u. Frankreich vom 17. Aug. 1927 RGBl. II, S. 523 Art. 12: „Die Hohen Vertragschließenden Teile verpflichten sich, den Warenaustausch durch keine Ein- oder Ausfuhrverbote oder Beschränkungen zu behindern. Sie behalten sich jedoch das Recht vor, aus den nachfolgend aufgezählten Gründen von diesem Grundsatz Ausnahmen zu machen, soweit diese Verbote und Beschränkungen gleichzeitig auf alle Länder angewendet werden, bei denen die gleichen Voraussetzungen vorliegen."

das sekundäre Moment der Entgeltlichkeit abzustellen — wie es in den S. 48 erwähnten Verträgen geschehen ist — und nicht auf den Begriff der Sonderbehandlung bzw. der generellen Behandlung (in Zollsachen den Generaltarif!).

Jedenfalls ist der Begriff der Entgeltlichkeit in weitestem Sinne auszulegen. Man kann erwarten, daß ein Staat einem einzelnen andern handelspolitisch keine Geschenke macht. Macht er einem Staate auf Grund der geographischen Lage, der politischen Beziehungen usw. handelspolitische Zugeständnisse, ohne sich eine sichtbare handelspolitische Gegenleistung hierfür einzutauschen, so besteht das Entgelt in den Vorteilen politischer oder sonstiger Art, die der gewährende Staat sich davon verspricht. Ein bedingt berechtigter Staat kann diese Vorteile nicht beanspruchen, ohne selbst etwas hierfür zu bieten[1]. Wenn aber ein solches Entgelt wie das des dritten Staates nicht wiederholbar ist, andererseits der berechtigte Staat Gleichstellung mit der meistbegünstigten Nation verlangen kann, wird man ihm die Vorteile gegen ein wertentsprechendes anderweitiges Äquivalent zubilligen müssen. Abzulehnen ist daher der Rechtsstandpunkt, den die Vereinigten Staaten im Hawai-Konflikt[2] vertreten haben, daß nämlich das durch den Handelsvertrag vom 10. Juli 1851[3] bedingt meistbegünstigte England die Zugeständnisse Hawais an die Vereinigten Staaten nicht beanspruchen könne, da es unmöglich die Bedingungen (die geographische Lage usw.) erfüllen könne, unter denen die Zugeständnisse von Hawai gemacht worden seien.

In diesem Zusammenhange hingewiesen sei auf die Sondervorteile, welche auf Grund der unbedingten Meistbegünstigungsklausel einem dritten Staate unentgeltlich zugestanden werden müssen. Es sind dies ihrer Natur nach Sondervorteile, die zunächst einem Staate gegen Kompensationen hingegeben wurden. Wenn der auf Grund des besonderen Rechtstitels, der unbedingten Meistbegünstigungsklausel, berechtigte Staat diese Vorteile scheinbar unentgeltlich beanspruchen kann, verlieren diese doch nicht den Charakter von Sondervorteilen, zumal der unbedingt meistbegünstigte Staat das Entgelt für den Sondervorteil schon bei dem Erwerb der unbedingten Meistbegünstigungsklausel abgegolten hat. Es wäre unbillig und würde dem Prinzip des do ut des, welches der bedingten Meistbegünstigungsklausel zugrunde liegt, widersprechen, wollte man dies Entgelt auch schon durch den Erwerb der minder wertvollen bedingten Meistbegünstigungsklausel als für die Zukunft abgegolten betrachten[4].

---

[1] So im Ergebnis SCHWEINFURTH: a. a. O. S. 77.

[2] Siehe CULBERTSON: a. a. O. S. 83.

[3] Siehe H. Arch. 53, I, S. 205.

[4] So im Ergebnis HATSCHEK: Völkerrecht. S. 258. S. auch RIEDL: a. a. O. S. 7.

Man wird jedoch annehmen müssen, daß Sondervorteile, die der meistbegünstigte Staat zur Zeit des Vertragsschlusses schon genießt, auch vom bedingt berechtigten Staat unentgeltlich verlangt werden können. Die bedingte Meistbegünstigungsklausel soll das Risiko, das die Gewährung der unbedingten Meistbegünstigungsklausel von noch ungewissem Werte mit sich bringt, ausschalten, indem die evtl. zukünftigen Sondervorteile, die dritten Staaten zugestanden werden, von Fall zu Fall gegen ein entsprechendes Entgelt und nicht im voraus durch eine Pauschalkompensation erkauft werden. Da der Wert der zur Zeit des Vertragsschlusses dem meistbegünstigten Staate gewährten Sondervorteile in diesem Zeitpunkte schon bestimmbar ist, darf er auch als bereits abgegolten betrachtet werden.

§ 11. Die bedingte Meistbegünstigungsklausel als Vorvertrag.

Der bedingt berechtigte Staat, der einen Sondervorteil, welcher einem dritten Staate eingeräumt wurde, für sich in Anspruch nehmen will, muß sich mit dem verpflichteten Staate über das Äquivalent einigen, das er seinerseits zu leisten hat. Es ist deshalb bezweifelt worden, daß die bedingte Meistbegünstigungsklausel dem berechtigten Staat überhaupt einen Rechtsanspruch im technischen Sinne gibt[1].

M. E. läßt sich nicht bestreiten, daß sie von den Parteien als rechtserhebliche Vereinbarung gewollt und abgeschlossen ist. Im Art. 1 des oben S. 48 zitierten Vertrages zwischen den Vereinigten Staaten und Dänemark ist als Basis der Klausel zunächst der Meistbegünstigungsanspruch in dem Hauptsatze festgelegt. Dieser wird alsdann durch einen anschließenden Relativsatz dahin eingeschränkt, daß der Meistbegünstigungsanspruch auf entgeltlich erworbene Vorteile auch nur gegen Leistung desselben Entgelts gegeben sein solle. Die rechtliche Unverbindlichkeit der Klausel müßte m. E. viel deutlicher zum Ausdruck gebracht werden, zumal doch die Vermutung dafür spricht, daß mit den Abreden, die ein Handelsvertrag enthält, ein bestimmter Rechtserfolg gewollt ist. Ein derartiger Vorbehalt der Unverbindlichkeit findet sich z. B. in dem *Handelsvertrag zwischen dem Deutschen Reich und Frankreich vom 17. Aug. 1927*, RGBl. II, S. 523.

> Art. 32: „Der eine der Hohen vertragschließenden Teile kann von dem andern Teil für sich Vorteile aus dem auf dessen Gebiet geltenden kombinierten Tarifen nur dann fordern, wenn er dem andern Teile eine tatsächliche Gegenseitigkeit anbietet."
>
> *„Auch in diesem Falle kann diese Forderung und dieses Anerbieten von dem anderen Teile abgelehnt werden.*

---

[1] Vgl. Meine: a. a. O. S. 14; Borgius: Deutschland und die Vereinigten Staaten, Berlin 1899. S. 51.

Falls dagegen diese Forderung und dieses Anerbieten angenommen wird, werden die kombinierten Tarife so angewandt, wie sie gelten..."

Vgl. ferner das *vorläufige Handelsabkommen zwischen dem Deutschen Reich und Griechenland vom 3. Juli 1924* RGBl. 1925, II, S. 815:

Art. 6 Abs. 3: „Die Deutsche Regierung behält sich vor, die Anwendung des Vertragstarifs und gegebenenfalls des Minimaltarifs für andere Waren als die in der oben genannten Anlage bezeichneten zu beantragen. Die Griechische Regierung *verpflichtet sich,* schon jetzt einen derartigen Antrag wohlwollend *zu prüfen.*"

Die Gewährung der bedingten Meistbegünstigungsklausel ist also nicht nur eine unverbindliche Bereitwilligkeitserklärung, über eine Zollherabsetzung und das hierfür zu leistende Äquivalent zu verhandeln, sondern sie begründet eine rechtliche Verpflichtung zur Gewährung eines handelspolitischen Vorteils gegen Leistung eines von den Parteien noch festzusetzenden Entgelts. Die bedingte Meistbegünstigungsklausel stellt demnach einen Vorvertrag dar, kraft dessen der eine Staat verpflichtet wird, sich in einem gegenseitigen Vertrage mit seinem Vertragsgegner über das Entgelt für einen von ihm zu gewährenden Vorteil zu einigen[1].

Gewiß ist ein derartiger Vorvertrag nur verbindlich und überhaupt erfüllbar, wenn sich das zu leistende Entgelt bestimmen läßt. Hier ergeben sich erhebliche Schwierigkeiten, wenn der meistbegünstigte Staat den Vorteil auf Grund eines umfangreichen Handelsvertrages mit dem verpflichteten Staate erhielt, aus welchem seine Gegenleistung hierfür nicht erkennbar ist. Wenn aber auch in den Handelsvertragsverhandlungen jede Einzelleistung eines der beiden Staaten gegen eine entsprechende Gegenleistung ausgehandelt wird, bedeutet doch im Ergebnis — juristisch betrachtet — nur die Gesamtheit der Verpflichtungen des einen Staates das Äquivalent der Gesamtheit der Verpflichtungen des andern Staates. Vgl. z. B. den *Handelsvertrag zwischen dem Deutschen Zollverein und den Niederlanden vom 21. Jan. 1839*[2].

---

[1] Einige Verträge bestimmen, daß der berechtigte Staat an dem Vorteil, der einem dritten gewährt wird, „unverzüglich" teilhaben solle, das bedeutet, — wenn der Vorteil entgeltlich gegeben wurde — unverzüglich nach Gewährung des festgestellten Entgelts. V. TEUBERN: a. a. O. S. 70 nimmt an, daß die Vereinbarung auf den Zeitpunkt, wo der Vorteil dem dritten Staate gewährt wird, zurückwirken soll. Hierzu besteht m. E. kein Anlaß. Das Wort unverzüglich bezieht sich auf die unentgeltlichen Vorteile, also auf die Tarifklausel. Die Rückwirkung würde praktisch zu dem unbefriedigenden Ergebnis der Wiederaufrollung erledigter Zollsachen führen, was von den Parteien kaum gewollt sein kann.

[2] Die Zusatzkonvention zum Handelsvertrag zwischen dem Deutschen Reich und China vom 31. März 1880, RGBl. 1881, S. 261, stellt insofern eine Ausnahme dar, als in den einzelnen Vertragsartikeln je einem chinesischen Zugeständnis das entsprechende deutsche Zugeständnis gegenübergestellt ist. Vgl. hier v. TEUBERN: a. a. O. S. 53 und NEBEL: Der rechtliche Inhalt der Handelsverträge. Annalen des Deutschen Reichs 1913, S. 145.

Art. 9: „Die Hohen kontrahierenden Teile erklären, daß sie die in dem gegenwärtigen Vertrage gegenseitig gemachten Zugeständnisse als verabredet betrachten, um *in deren ganzen Zusammenhang als Vergeltung für* durch solche Verträge erworbene Vorteile zu dienen, und daß sie mithin jene Zugeständnisse in Erwiderung dieser Vorteile eingeräumt haben ..."

Selbst aber wenn das Entgelt des meistbegünstigten Staates für einen Sondervorteil eindeutig bestimmt ist, z. B. als Ermäßigung einer bestimmten Zollposition, so hat doch die gleiche Zollermäßigung durch den berechtigten Staat für den verpflichteten Staat nur dann den gleichen Wert, wenn der verpflichtete Staat ihm gegenüber die gleichen Exportinteressen hat. Man wird jedoch mangels besonderer Anhaltspunkte immerhin davon ausgehen können, daß der meistbegünstigte Staat den Sondervorteil für ein äquivalentes Zugeständnis erhielt. Der bedingt berechtigte Staat, der ebenfalls für den Sondervorteil ein diesem gleich*wertiges* Zugeständnis anbietet, hat demnach auch die Bedingung seines Meistbegünstigungsanspruchs erfüllt. Dem entspricht auch die Fassung der *Reziprozitätsklausel im Handelsvertrag zwischen Argentinien und Preußen bzw. den übrigen Staaten des Zollvereins vom 19. Sept. 1857*, Preuß. GS. 1859, S. 405:

Art. 3: „Die beiden vertragschließenden Teile kommen darin überein, daß jede Begünstigung und Befreiung, sowie jedes Vorrecht und jede Immunität in Handels- und Schiffahrtsangelegenheiten, welche einer derselben den Untertanen und Bürgern einer anderen Regierung, eines anderen Volkes oder Staates gegenwärtig bereits zugestanden hat oder künftig zugestehen möchte, bei Gleichheit des Falles und der Umstände auf die Untertanen und Bürger des andern Teiles ausgedehnt werden soll, und zwar unentgeltlich, wenn das Zugeständnis an jene andere Regierung, Volk oder Staat unentgeltlich gemacht wurde, oder *gegen Leistung einer entsprechenden Ausgleichung*, wenn das Zugeständnis bedingungsweise erfolgt war ..."

Ob der geforderte Vorteil dem dafür angebotenen Vorteil gleichwertig ist, ist nach Treu und Glauben zu bestimmen[1].

Die materielle Rechtslage ist somit an sich ganz klar. Die Möglichkeit der Festsetzung des Äquivalents nach Treu und Glauben würde auch auf dem Gebiete des Privatrechts eine ausreichende Garantie für die Rechtssicherheit bieten (vgl. § 315 ff. BGB.).

Da aber hier die Festsetzung des Äquivalents endgültig durch die Parteien selbst erfolgt, ist der bedingt berechtigte Staat auf die

---

[1] Vgl. das oben S. 12 zitierte Schreiben des Staatssekretärs SHERMAN an BUCHANAN: „What will be an equivalent compensation is to be honorably determined by the government concerned. So many considerations have necessarily entered into such special concessionary agreements, that no universal rule can be applied."

Loyalität seines Vertragsgegners angewiesen. So erklärt es sich, daß von der schwierigen Durchsetzbarkeit des bedingten Meistbegünstigungsanspruchs vielfach auf die materielle Rechtslage zurückgeschlossen und der Rechtsanspruch aus der bedingten Meistbegünstigungsklausel überhaupt verneint wurde. Fernerhin wird es verständlich, daß die bedingte Meistbegünstigungsklausel so in der Praxis zum Instrument der handelspolitischen Diskrimination werden konnte[1].

Nachdem die Vereinigten Staaten das System der bedingten Meistbegünstigungsklausel aufgegeben haben und insbesondere auch die Weltwirtschaftskonferenz, die zuständigen Komitees des Völkerbundes, wie auch die internationale Handelskammer sich mit größter Entschiedenheit zugunsten der unbedingten Meistbegünstigungsklausel ausgesprochen haben, wird voraussichtlich die bedingte Meistbegünstigungsklausel in nicht allzu langer Zeit nur noch historisches Interesse haben.

VI. Das Anwendungsgebiet der Meistbegünstigungsklausel.

§ 12.

1. Die Meistbegünstigungsklausel kann sich auf sämtliche Gegenstände eines Handelsvertrages beziehen[2], d. h. auf die Behandlung
   des internationalen Warenverkehrs,
   der Ausländer,
   der fremden Verkehrsmittel.

Im konkreten Falle macht jedoch die Abgrenzung des Anwendungsgebietes einer bestimmten Klausel unter Umständen erhebliche Schwierigkeiten.

Naturgemäß ergibt sich eine gewisse Begrenzung der Meistbegünstigungsklausel schon aus dem Rahmen des einzelnen Handelsvertrages[3].

Wenn in einem Vertrage nur ein Ausschnitt von dem Gesamtkomplex der handelspolitischen Beziehungen geregelt wird, so ergibt sich hieraus ohne weiteres auch die Beschränkung der Meistbegünstigungs-

---

[1] Comité Économic: Rapport vom 23. Jan. 1929, S. 11. Vgl. MEINE: a. a. O. S. 14ff. ....„Die Kontrahenten haben wohl einen Rechtsanspruch auf Gleichstellung mit anderen Nationen, die Verwirklichung dieses Anspruches ist aber bei Böswilligkeit einer Partei, *ohne daß sie dabei vertragsbrüchig sein muß*, unmöglich." BORGIUS: Deutschland und die Verein. Staaten S. 51, 1899: Die bedingte Meistbegünstigungsklausel „bedeutet überhaupt nicht mehr, als daß das einen Handelsvertrag abschließende Land *bereit ist*, auch noch mit anderen Ländern gleichgünstige Handelsverträge abzuschließen".

[2] Die Meistbegünstigungsklausel kommt außerhalb der Handelsverträge selten vor, ist jedoch nicht notwendig auf sie beschränkt.

[3] BASDEVANT: a. a. O. Nr. 35.

klausel. In Zoll-, Niederlassungs- oder Konsularverträgen reicht also ihr Umfang grundsätzlich über dieses Gebiet nicht hinaus.

Regelt umgekehrt ein Staat gewisse Materien nicht in allgemeinen Handelsverträgen, sondern behält er sie stillschweigend Spezialverträgen vor, z. B. Niederlassungs-, Konsular-, Schiffahrts- oder Luftverkehrsverträgen, so ist selbstverständlich die Meistbegünstigungsklausel des allgemeinen Handelsvertrages auf diese Gebiete nicht auszudehnen.

Es ist also bei der Auslegung der Klausel nicht nur auf die Fassung der Formel selbst, sondern auch auf den Zusammenhang, in dem die Klausel auftritt, zu achten. Es sei hier auf die seinerzeit viel erörterte Frage[1] hingewiesen, ob durch Art. 11 des Frankfurter Friedensvertrages[2] auch der Zutritt deutscher Staatsangehöriger, insbesondere deutscher juristischer Personen zu den französischen Gerichten geregelt wurde. Der Pariser Appellationsgerichtshof verneinte die Frage. Der Kassationshof vertrat indes im Urteil vom 14. März 1895 die weitere Auslegung des Artikels. Er folgerte aus dem Einleitungssatz:

> „da die Handelsverträge mit den verschiedenen Staaten Deutschlands aufgehoben sind, ..."

daß Art. 11 die durch den Krieg aufgehobenen Handelsverträge, auf Grund welcher juristische Personen der deutschen Staaten Zutritt zu den französischen Gerichten hatten, auch in dieser Hinsicht ersetzen solle.

2. Verhältnismäßig klar bestimmt ist das Anwendungsgebiet derjenigen Klauseln, in denen die Meistbegünstigung ausdrücklich für sämtliche Gegenstände oder wenigstens für ein großes, deutlich umrissenes Gebiet des Handelsverkehrs versprochen wird (sog. Generalklausel). Vgl. z. B. das *Meistbegünstigungsabkommen zwischen dem Deutschen Reiche und Bulgarien vom 8. Sept. 1921*, Deutsches Handelsarchiv 1923, S. 610:

> „Zwischen Deutschland einerseits und Bulgarien andererseits werden die *Handels- und Wirtschaftsbeziehungen* vom 9. Aug. 1921 ab auf der Grundlage der Gegenseitigkeit und der Klausel der meistbegünstigten Nation *in allen Beziehungen* geregelt."

---

[1] Vgl. SCHWEINFURTH: a. a. O. S. 36ff.; FULD: a. a. O., S. 363ff.; WITTMAACK: im „Recht" 1910, S. 473.

[2] Art. 11: „Da die Handelsverträge mit den verschiedenen Staaten Deutschlands durch den Krieg aufgehoben sind, werden die französische und die deutsche Regierung zur Grundlage ihrer Handelsbeziehungen den Grundsatz der gegenseitigen Behandlung auf dem Fuße der meistbegünstigten Nation nehmen. In diesem Grundsatz sind einbegriffen die Eingangs- und Ausgangsrechte, der durchgehende Verkehr, die Zollformalitäten, die Zulassung und Behandlung der Untertanen beider Nationen und der Vertreter derselben ... "

Vgl. ferner den *Handelsvertrag zwischen dem Deutschen Reich und dem Königreich Schweden vom 14. Mai 1926*, RGBl. II, 1926, S. 384:

Art. 1: Die Angehörigen eines jeden der vertraglichen Teile sollen, *soweit nicht der gegenwärtige Vertrag Ausnahmen enthält*, im Gebiete des anderen Teils *in Bezug auf Handel, Schiffahrt und sonstige Gewerbe* dieselben Privilegien, Befreiungen und Begünstigungen aller Art genießen, welche den Angehörigen der meistbegünstigten Nation zustehen oder zustehen werden. — (Generalklausel für das Fremdenrecht.)

3. Einige Meistbegünstigungsklauseln beginnen mit einer Generalklausel, an die sich dann die Aufzählung einzelner Gegenstände anschließt. Vgl. z. B. *Handelsvertrag zwischen dem Deutschen Reich und Italien vom 31. Okt. 1925* (RGBl. II, S. 1020).

Art. 2: „Jeder der vertragschließenden Teile verpflichtet sich, dem anderen Teile alle Vergünstigungen und Befreiungen zukommen zu lassen, die er einem dritten Lande in bezug auf die Einfuhr, die Ausfuhr und die Durchfuhr und *überhaupt in allem gewährt hat, was sich auf die Ausübung von Handel und Gewerbe bezieht. Insbesondere* werden die Boden- und Gewerbeerzeugnisse jedes vertragschließenden Teiles bei der Einfuhr in das Gebiet des anderen Teiles oder bei der Ausfuhr nach dem Gebiete des anderen Teiles in Ansehung des Betrages, der Erhebung und Sicherstellung von Zöllen und Abgaben einschließlich aller Nebengebühren, Zuschläge, Koeffizienten und Erhöhungen, sowie in Ansehung der Lagerung der Ein- oder Ausfuhr auf Zeit, der Wiederein- und Wiederausfuhr, sowie in Ansehung aller übrigen Zollformalitäten dieselbe Behandlung genießen wie die Erzeugnisse der meistbegünstigten Nation oder wie die Erzeugnisse, die für die meistbegünstigte Nation bestimmt sind."

Man wird in solchen Fällen annehmen müssen, daß die Meistbegünstigungsklausel sich — mangels anderer Vorbehalte — auf sämtliche handelspolitischen Gegenstände, nicht nur auf die besonders hervorgehobenen erstreckt[1].

4. Andere Verträge enthalten eine so sorgfältig gegliederte, systematische Aufzählung der Gegenstände, für welche die Meistbegünstigungsklausel gelten soll, daß man hierin nicht nur die Anführung illustrierender Beispiele, sondern eine Modifikation der allgemeinen Präambel erblicken muß. Die Aufzählung ist in derartigen Klauseln erschöpfend. Vgl. z. B. das *Wirtschaftsabkommen zwischen dem Deutschen Reich und Österreich vom 1. Sept. 1920*, RGBl. 1920, S. 2295, 1921, S. 194:

„Die beiden vertragschließenden Teile werden auf ihre wechselseitigen Beziehungen den Grundsatz der Meistbegünstigung anwenden. Dies gilt insbesondere:

[1] Vgl. hierzu Basdevant: a. a. O. Nr. 38.

a) von den Einfuhr-, Ausfuhr- und Durchfuhrverboten, den Einfuhr-, Ausfuhr- und Durchfuhrbestimmungen und -beschränkungen, sowie ihrer Anwendung, den Eingangs- und Ausgangszöllen, den Zollförmlichkeiten, den inneren Verbrauchsabgaben und ähnlichen Steuern,

b) von dem Erwerb und Besitz von beweglichem und unbeweglichem Vermögen, der Verfügung hierüber, von der Zulassung von Handel, Gewerbe, Industrie und Landwirtschaft, sowohl seitens der Staatsangehörigen des einen Teiles im Gebiete des anderen, wie auch seitens der Handels-, Erwerbs- und Finanzgesellschaften mit Einschluß der Versicherungsgesellschaften, sowie der in diesen Fällen zu entrichtenden Abgaben, Steuern und sonstigen Lasten,

c) von Kaufleuten, Fabrikanten und anderen Gewerbetreibenden, welche sich darüber ausweisen, daß sie in dem Staat, wo sie ihren Wohnsitz haben, die gesetzlichen Abgaben für das von ihnen betriebene Geschäft entrichtet haben, wenn sie persönlich oder durch in ihren Diensten stehende Reisende Ankäufe machen oder Bestellungen nur unter Mitführung von Mustern suchen, ferner für die Behandlung der von ihnen mitgeführten Muster, sowie der für ihren Gewerbebetrieb zu entrichtenden Abgaben.

d) von der Zulassung und Behandlung der Schiffe, ihrer Mannschaften und Ladungen, sowie den Schiffahrtsabgaben, von der Beförderung von Personen durch Transportunternehmer auf dem Land- und Wasserwege.“

5. Endlich wird in anderen Verträgen auf die allgemeine Präambel überhaupt verzichtet und eine Aufzählung sämtlicher Gegenstände gegeben, für welche die Meistbegünstigungsklausel gelten soll.

Hier wäre zu nennen der vorläufige Handelsvertrag zwischen dem Deutschen Reich und dem Königreich der Serben, Kroaten und Slowenen vom 5. Dez. 1921 (RGBl. 1922, II, S. 105), der dem zitierten deutsch-österreichischen Vertrage, von Geringfügigkeiten abgesehen, nachgebildet ist, jedoch nicht die Präambel dieser Meistbegünstigungsklausel enthält.

Die Enumerationsmethode hat den Vorzug, das Anwendungsgebiet der Klausel anschaulich zu beschreiben. Es liegt jedoch auf der Hand, daß sich gerade durch eine detaillierte Aufzählung die Schwierigkeiten, die einzelnen Gegenstände juristisch zu definieren, rein quantitativ häufen. Dies gilt insbesondere, wenn die Aufzählung jeder Systematik entbehrt. Vgl. den *Freundschafts-, Handels- und Konsularvertrag zwischen dem Deutschen Reich und den Vereinigten Staaten vom 8. Dez. 1923*, RGBl. 1925, II, S. 795:

Art. 1: „Die Staatsangehörigen eines Vertragsteils dürfen die Gebiete des anderen betreten, darin reisen und dort wohnen; sie genießen Gewissensfreiheit und Freiheit der Religionsübung; sie dürfen sich ohne Hinderung beruflicher, wissenschaftlicher, religiöser, philantropischer, gewerblicher und geschäftlicher Tätigkeit jeder Art widmen; sie sind befugt, jede von den am Orte geltenden Gesetzen nicht verbotene Form geschäftlicher Tätigkeit auszuüben; zum Wohnen, sowie zu Zwecken der Wissenschaft, Religion, Wohlfahrt, Industrie, des Handels und der Bestattung dürfen sie geignete Gebäude als Eigentum besitzen, errichten oder mieten und innehaben und Land für diese Zwecke pachten; sie dürfen selbstgewählte Vertreter beschäftigen und allgemein alles tun, was zur Ausübung irgendeines der erwähnten Rechte gehört oder nötig ist, und zwar unter denselben Bedingungen, wie die Angehörigen des Staates, in dem sie sich aufhalten oder wie Staatsangehörige einer etwa künftig von diesem Staate mit dem Rechte der Meistbegünstigung ausgestatteten Nation[1]; . . ."

Es kommt hinzu, daß die einzelnen Gegenstände in den verschiedenen Handelsverträgen nicht einheitlich gruppiert und bezeichnet sind. So sei beispielsweise darauf hingewiesen, daß in dem erwähnten Handelsvertrage zwischen dem Deutschen Reich und Jugoslawien in Art. 3 Ziff. 6 „für die Behandlung von Geschäftsleuten, wenn sie persönlich die Reise zu kaufmännischen Zwecken in das Gebiet eines der vertragschließenden Teile unternehmen, oder wenn sie solche Reisen durch ihren Kommis, Agenten oder sonstigen Vertreter unternehmen lassen", gegenseitige Meistbegünstigung vereinbart ist. — Aus der Tatsache, daß die Behandlung der mitgeführten Muster nicht besonders hervorgehoben würde, wird man wohl kaum schließen dürfen, daß die Meistbegünstigung hierfür nicht gelten solle. Immerhin wird ein Staat, der den berechtigten diskriminiert, zu seiner Rechtfertigung darauf hinweisen, daß in der im übrigen ganz entsprechend ausgebauten Meistbegünstigungsklausel des deutsch-österreichischen Handelsvertrages Art. 2c (S. 58) die Warenmuster noch ausdrücklich erwähnt wurden. Mangels einer feststehenden Terminologie ist somit jeder Handelsvertrag für sich auszulegen.

6. Es wäre im Interesse der Rechtssicherheit dringend erwünscht, wenn die einzelnen Gegenstände der Handelsverträge terminologisch einheitlich festgelegt würden. Einen Anfang in dieser Richtung bedeuten die Untersuchungen des Wirtschaftskomitees des Völkerbundes darüber, ob unter „matière douanière" auch die „Ein- und Ausfuhrbeschränkungen" fallen, was dort verneint wird. Ferner hat das Wirtschaftskomitee

[1] Der dritte Staat braucht nicht mit dem Rechte der Meistbegünstigung ausgestattet zu sein. Es handelt sich hier offenbar um einen Übersetzungsfehler. Vgl. den englischen Text . . . „Upon the same terms as nationals of the state of residence or as nationals of the nation hereafter to be most favored by it", . . . by it bezieht sich auf state of residence.

in dem Entwurf zu einem Abkommen über die Behandlung der Ausländer es unternommen, die einzelnen Gegenstände aus dem Gebiete des Fremdenrechts, die sich mehr oder minder ungeordnet in den Handelsverträgen finden, zu systematisieren. Der Entwurf baut sich auf der folgenden Gliederung auf:

Titre I. — Traitement des ressortissants étrangers:

Chapitre I. — Garanties afférentes au commerce international.

Chapitre II. — Etablissement des ressortissants étrangers:

a) liberté de circulation, séjour, établissement,

b) exercice du commerce, de l'industrie et des professions,

c) garanties civiles et judiciaires,

d) droits de propriété,

e) charges extraordinaires,

f) régime de fiscalité.

Titre II. — Traitement des sociétés étrangères.

Eine strenge juristische Systematik ist bei der Gliederung der einzelnen Artikel nicht durchgeführt:

Vgl. z. B. Chap. II, Section d): Droits de propriété.

Art. 10 I: „Les ressortissants de chacune des Hautes Parties contractantes seront placés sur un pied de complète égalité avec les nationaux en ce qui concerne les droits patrimoniaux, le droit d'acquérir, de posséder ou d'affermer des biens mobiliers ou immobiliers, ainsi que d'en disposer conformément au régime national (par achat, vente, donation, mutation, contrat de mariage, testament, succession ab intestat ou par un autre moyen) aux mêmes conditions que les nationaux, sans qu'une modification ou restriction d'aucune sorte puisse être apportée à ce régime d'égalité."

Immerhin ist durch den Entwurf für die Bildung einer einheitlichen Praxis, welche den Umfang der einzelnen Gegenstände festlegen kann, ein Anknüpfungspunkt gegeben.

VII. Das Problem der grundsätzlichen Geltung des Meistbegünstigungsprinzips.

§ 13.

Der Bericht des Wirtschaftskomitees des Völkerbundes streift in der Einleitung das Problem der grundsätzlichen Geltung des Meistbegünstigungsprinzips in den internationalen Handelsverträgen. Es heißt dort:

„Avant d'aborder le problème" (principes essentiels et le champ d'application!) „il faut rappeler qu'il y a une question pour ainsi dire préjudicielle, que nous ne devons pas traiter ici, étant donné ses liens étroits avec d'autres problèmes de la politique commerciale, à savoir *si un Etat doit se considérer comme obligé de donner dans tous les cas la clause de la nation la plus favorisée aux pays avec lesquels il entretient des relations normales ou si, au contraire, la clause peut être refusée ou limitée dans le cas où le pays qui la reclame ne veut pas donner une juste contrepartie.*"

Man geht wohl kaum zu weit, wenn man dem vom Wirtschaftskomitee aufgeworfenen Problem einstweilen keine aktuelle Bedeutung beimißt. Nach geltendem Recht besteht eine Verpflichtung zur Gewährung der Meistbegünstigung nur für den Staat, der eine solche vertraglich übernommen hat[1]. Hiervon abgesehen, könnte ein Meistbegünstigungsanspruch nur auf ein dahingehendes Gewohnheitsrecht gestützt werden. Ein solches existiert jedoch m. E. bis heute nicht. Man darf die Tatsache nicht übersehen, daß für zahlreiche, vielleicht die Mehrzahl der Staaten die Gewährung der Meistbegünstigung durchaus keine Selbstverständlichkeit ist, zumal sie sich diese im allgemeinen erst durch eine Gegenleistung abkaufen lassen. Allerdings gehen einige Staaten von der Fiktion aus, daß das entsprechende Meistbegünstigungsversprechen der Gegenpartei grundsätzlich eine äquivalente Gegenleistung sei. Die gegenseitige Zusicherung der Meistbegünstigung wird dann bei dem übrigen Tauschgeschäft des Handelsvertrages, insbesondere den Tarifverträgen, nicht besonders in Rechnung gestellt.

Sehr bemerkenswert sind die Feststellungen des Wirtschaftskomitees zu dieser Frage[2]:

„En fait, des conceptions différentes en matières de tarifs et de méthodes contractuelles semblent, d'une manière générale, liées à des conceptions différentes concernant le traitement de la nation la plus favorisée. Tandis que les Etats qui se refusent à négocier en matière tarifaire réclament le traitement de la nation la plus favorisée comme une condition préalable de tout traité et comme un droit qui ne saurait être mis en discussion, au contraire, les Etats qui ont conçu leurs tarifs en vue de la négociation et qui attachent plus de prix aux conventions tarifaires qu'à la garantie juridique que constitue la clause de la nation la plus favorisée lorsqu'elle ne s'accompagne point d'avantages tarifaires, considèrent l'octroi de la clause de la nation la plus favorisée, comme subordonné à l'entente sur les tarifs."

Wenn somit auch bei einer Reihe von Staaten die gegenseitige Behandlung auf dem Fuße der meistbegünstigten Nation in Übung ist, so besteht doch gegenwärtig noch nicht die allgemeine Rechtsüberzeugung von der grundsätzlichen Geltung des Meistbegünstigungsgrundsatzes. Diesen Standpunkt hat auch die Weltwirtschaftskonferenz eingenommen,

---

[1] Vgl. SCHUMACHER: a. a. O. S. 114.

[2] Comité Economique, Rapport vom 14. Juli 1928, S. 3.

indem sie ausdrücklich anerkannt hat, „quil appartient à chaque Etat de décider dans quel cas et quelle mesure cette garantie fondamentale doit être insérée dans un traité déterminé."

Es ist jedoch zu berücksichtigen, daß die Handelspolitik der meisten Staaten, wenigstens Europas, gegenwärtig noch stark unter dem Eindruck der Kriegsnachwirkungen steht, und es dürfte fast wahrscheinlich sein, daß das Problem der grundsätzlichen Geltung des Meistbegünstigungsprinzips aktuellere Bedeutung gewonnen haben wird, wenn erst die normalen handelspolitischen Beziehungen, auf die im Bericht abgestellt wird, gegeben sein werden.

Auch in der praktischen Handelspolitik ist der Gesichtspunkt wirksam, daß für die Versagung der Meistbegünstigung besondere Umstände sprechen müssen; denn sie bedeutet für den betroffenen Staat eine positive Benachteiligung. So erklärt es sich, daß zwischen Ländern mit geringen Handelsbeziehungen, die keine besondere Note enthalten, die Vereinbarung der unbeschränkten, gegenseitigen Meistbegünstigung üblich ist. Es besteht in solchen Fällen weder ein Anlaß zur Privilegierung, noch zur Benachteiligung, weshalb man sich dann auf der Grundlage der gegenseitigen Meistbegünstigung als einer Verlegenheitsklausel (die Verlegenheit des Buridanschen Esels) einigt[1]. Vgl. z. B.

[1] Der gleiche Gesichtspunkt ist von POLLOK in A. I. MAINE: Ancient Law, Note 4, S. 121, zur Begründung des völkerrechtlichen Grundsatzes von der Gleichheit der Staaten angeführt worden: „The theoretical equality of independant states naturally follows from their recognition as analogous to free persons, who must have full and equal rights in the absence of any definite reason for inequality." — Dogmatisch besteht sonst m. E. keine Verwandtschaft zwischen dem Grundsatz der Meistbegünstigung (Gleichbehandlung durch einen dritten Staat) und dem Grundsatz der „Gleichheit der Staaten" im technischen Sinne. In der politischen Ideologie ist der letztere jedoch oft als materiell-demokratisches Prinzip gedeutet worden, welchem das subjektive Recht des einzelnen Staates auf Gleichbehandlung mit den übrigen Staaten entspringt. In diesem Sinne bekannte sich Secretary ROOT (vgl. de WITT DICKINSON: The Equality of States in international Law, 1920, S. 123) auf dem panamerikanischen Scientific Congress in Washington i. J. 1915 zu dem Grundsatz der Staatengleichheit wie folgt: „We believe in the independance and the dignity of nations . . . and we hold the smallest state, be it upon an island of the Caribbean or anywhere in Central or South America, as our equal in dignity in the right to respect and in the right to the treatement of an equal. We believe that nobility of spirit, that high ideals, that capacity for sacrifice are nobler than material wealth. We know that these can be found in the little state as well as in the big one. In our respect for you, who are small and for you who are great, there can be no element of condescension or patronage, for that would do violence to our own conception of the dignity of independance and sovereignity." — Die gleichen Gesichtspunkte, die hier für die Gleichheit der Staaten geltend gemacht werden, führten die meisten zivilisierten Staaten dazu, die Angehörigen fremder Nationen meistbegünstigt zu behandeln, ja sie weitgehend mit den Inländern gleichzustellen. Insofern sind gewisse ideologische Zusammenhänge zwischen beiden Prinzipien nicht zu verkennen.

Art. II des *Handelsvertrags zwischen dem Deutschen Reich und Ecuador vom 28. März 1887,* RGBl. 1888, S. 136:

„Die beiden vertragschließenden Teile sind einverstanden, daß sie sich gegenseitig in Handels-, Schiffahrts- und Konsularsachen dieselben Rechte und Vorteile zugestehen wollen, welche der meistbegünstigten Nation eingeräumt sind oder in Zukunft eingeräumt werden sollten."

Vgl. ferner *Handelsvertrag zwischen dem Deutschen Reich und San Salvador vom 14. April 1908,* RGBl. 1909, S. 405:

„Die vertragschließenden Teile verpflichten sich, sich gegenseitig die Behandlung der meistbegünstigten Nation in Handels-, Schiffahrts- und Konsularsachen zu gewähren; behufs dessen versteht es sich, daß jede Art von Recht, Freiheit oder Vorteil, die einer von ihnen einer dritten Nation gewährt, durch die Tatsache selbst den anderen Vertragsteilen zugestanden wird."

Sind die Handelsbeziehungen engere, so entsteht die Frage, ob bestimmte Umstände die Versagung der Meistbegünstigung rechtfertigen. Sie wird selbst bei gleicher Sachlage doch nicht immer gleich beantwortet werden. Die Parteien ignorieren derartige Umstände z. B. eher, wenn der baldige Abschluß eines Handelsprovisoriums notwendig wird. In diesem Falle dient die Meistbegünstigungsklausel häufig als ein Notbehelf; denn sie erscheint prima facie als die billige Grundlage für die Handelsbeziehungen zwischen zwei Staaten. Die Meistbegünstigungsklausel soll, wie RIEDL[1] bezeichnend sagt, „ein handelspolitisches Anstandsverhältnis" herstellen. Man sieht, daß die Meistbegünstigungsklausel geradezu als ein Postulat der handelspolitischen Moral empfunden werden kann. So forderte auch der Präsident Wilson in seinem Programm für den Weltfrieden, welches er am 8. Jan. 1918 vor dem Kongreß in Washington entwickelte, als einen der vierzehn Kardinalpunkte:

III. „. . . die möglichste Beseitigung aller wirtschaftlichen Schranken und die Möglichkeit einer Gleichheit der Handelszustände für alle Nationen, die dem Frieden beitreten und sich zu seiner Aufrechterhaltung verpflichten[2]."

---

[1] RIEDL: a. a. O. S. 36; vgl. ferner v. TEUBERN: a. a. O. S. 75.

[2] WILSON hat dieses Programm als das für den Weltfrieden einzig mögliche bezeichnet. Dennoch erzwangen die Alliierten im Versailler Friedensvertrag von Deutschland das Versprechen der einseitigen Meistbegünstigung für die Dauer von fünf Jahren. Vgl. Versailler Friedensvertrag Teil 10, Abschnitt I, Kapitel 1: Zollregelung, Zollabgaben und Zollbeschränkungen, Art. 264—67, insbesondere Art. 267: „Toute faveur, immunité ou privilège concernant l'importation, l'exportation ou le transit de marchandises, qui serait concedé par l'Allemagne à l'un quelconque des Etats alliés ou associés ou à un autre pays étranger quelconque, sera simultanément et inconditionellement, sans qu'il soit besoin de demande ou de compensation, étendu à tous les Etats alliés ou associés." Zum Vergleich sei auf den Frankfurter

Wenn auch in der hochprotektionistischen Nachkriegszeit dieses „Empfinden" nicht sehr lebhaft war, scheut man sich doch in normalen, mehr freihändlerisch gerichteten Zeiten von dem Prinzip der Gewährung gleicher Konkurrenzbedingungen für die übrigen Staaten abzuweichen[1].

Es ist gewiß bezeichnend, daß jetzt gerade der Völkerbund in diesem Sinne den Ausbau und die Verbreitung des Meistbegünstigungsgrundsatzes propagiert. Er empfiehlt die Meistbegünstigungsklausel als „la stipulation fondamentale destinée à former la base des relations économiques internationales[2] [3]." Die internationalen Handelsbeziehungen sollen nicht mehr ausschließlich durch zweiseitige Verträge geregelt werden, in denen Leistung und Gegenleistung gegeneinander auskalkuliert wird. Vielmehr soll dieses Vertragssystem durch multilaterale Konventionen ersetzt bzw. unterbaut werden. Die Basis dieser neuen handelspolitischen Verfassung soll der Grundsatz der allseitigen Meistbegünstigung bilden. Aus diesen Bestrebungen ist der Entwurf der Musterklausel des Wirtschaftskomitees (s. S. 8) hervorgegangen, der ein — vorläufig — dispositives Recht der Meistbegünstigung schafft. — Von der weiteren Aktivität und noch mehr von der moralischen Autorität des Völkerbundes wird es nunmehr abhängen, ob sich in absehbarer Zeit eine allgemeine Überzeugung von der rechtlichen Notwendigkeit der grundsätzlichen Geltung des Meistbegünstigungsprinzips Bahn bricht.

Friedensvertrag vom 10. Mai 1871 hingewiesen, der in Art. 11 als Grundlage für die wechselseitigen Wirtschaftsbeziehungen zwischen beiden Ländern den Grundsatz der gegenseitigen Meistbegünstigung vorsah.

[1] So war vor dem Kriege für das handelspolitische Verhältnis zwischen den europäischen Staaten die gegenseitige Behandlung auf dem Fuße der meistbegünstigten Nation bzw. für das Fremdenrecht die Inlandsparität der Normalfall. In der Nachkriegszeit räumte Deutschland, das durch den Friedensvertrag einseitig gegenüber den früheren Feindstaaten zur Gewährung der Meistbegünstigung verpflichtet wurde, grundsätzlich auch den übrigen Staaten die Meistbegünstigung ein, ohne daß eine entsprechende Verpflichtung bestanden hätte. Durch die Bekanntmachung vom 28. Juni 1920, die auf Grund des Gesetzes über die Anwendung der Meistbegünstigungsklausel auf nicht meistbegünstigte Länder vom 21. Juli 1920 (RGBl. 1920, S. 1488) erging, wurde bestimmt: „Soweit eine vertragsmäßige Zollbehandlung für den Wareneingang aus dem Auslande zugelassen ist, hat diese bis auf weiteres allgemein auf Waren jeder Herkunft Anwendung zu finden."

[2] Vgl. die Resolution der Internationalen Handelskammer auf dem Kongreß in Stockholm vom Jahre 1927 (Memorandum présenté au Comité consultatif de l'Organisation économique, April 1928): La Chambre de Commerce Internationale désire affirmer à nouveau qu'elle considère l'application générale de cette clause comme la condition essentielle de la réalisation d'une politique libérale dans les échanges internationaux.

[3] Comité Economique, Rapport vom 23. Jan. 1929, S. 7. Diese Empfehlung erstreckt sich allerdings nur auf das Zollwesen, welches der besondere Gegenstand der Untersuchung des Wirtschaftskomitees war. Für das Fremdenrecht wird im allgemeinen die Inländerbehandlung gefordert. Vgl. den S. 2 zitierten Entwurf eines Abkommens über die Behandlung der Ausländer.

GPSR Compliance

The European Union's (EU) General Product Safety Regulation (GPSR) is a set of rules that requires consumer products to be safe and our obligations to ensure this.

If you have any concerns about our products, you can contact us on ProductSafety@springernature.com

In case Publisher is established outside the EU, the EU authorized representative is:

Springer Nature Customer Service Center GmbH
Europaplatz 3
69115 Heidelberg, Germany

Batch number: 10844827

Printed by Printforce, the Netherlands